教科教育学シリーズ

英語科教育

橋本美保 ＋ 田中智志
監修

馬場哲生
編著

刊行に寄せて

　教職課程の授業で用いられる教科書については、さまざま出版されていますが、教科教育にかんする教科書についていえば、単発的なものが多く、ひとまとまりのシリーズとして編まれたものはないように思います。教育実践にかんする一定の見識を共有しつつ、ゆるやかながらも、一定の方針のもとにまとまっている教科教育の教科書は、受講生にとっても、また授業を担当する教員にとっても、必要不可欠であると考えます。

　そこで、「新・教職課程シリーズ」の教職教養（全10巻）に続き、教科教育についても新たに教職課程用の教科書シリーズを刊行することにしました。この新しいシリーズは、教科ごとの特色を出しながらも、一定のまとまりがあり、さらに最新の成果・知見が盛り込まれた、今後の教科教育を先導する先進的で意義深い内容になっていると自負しています。

　本シリーズの方針の1つは、以下のような編集上の方針です。

　　○教育職員免許法に定められた各「教科教育法」の授業で使用される
　　　内容であり、基本的に基礎基本編と応用活用編に分けること。
　　○初等と中等の両方（小学校にない科目を除く）の指導法を含めること。
　　○教科の指導法だけではなく、各教科に密接にかかわる諸科学の最新
　　　の成果・知見を盛り込んだ、最先端の内容構成であること。
　　○本書を教科書として使用する受講生が、各自、自分なりの興味関心
　　　をもって読み進められるような、工夫を行うこと。
　　○原則として、全15回という授業回数に合わせた章構成とすること。

　本シリーズのもう1つの方針は、教育学的な観点を有することです。教科教育の基本は学力形成ですが、どのような教科教育も、それが教育である限りその根幹にあるのは人間形成です。したがって、学力形成は人間形

成と切り離されるべきではなく、学力形成と人間形成はともに支えあっています。なるほど、科学的な能力と道徳的な力とは区別されるべきですが、科学的な能力と心情的な力とは本来、結びついているのです。人間形成は、道徳的な能力の育成に収斂することではなく、心情的な力、すなわち人として世界（自然・社会・他者）と健やかにかかわる力を身につけることです。たとえば、算数を学ぶこと、国語を学ぶことは、たんに初歩的な数学、初歩的な国語学・文学の知見を、自分の願望・欲望・意図を達成する手段として身につけることではなく、世界全体と人間が健やかにかかわりあうための知見として身につけることです。たとえていえば、健やかな人間形成は家の土台であり、学力形成は建物です。土台が脆弱だったり破損していては、どんなに素敵な建物も歪んだり危険であったりします。

　人間形成の核心である世界との健やかなかかわりは、私たちがこの世界から少しばかり離れることで、ほのかながら見えてきます。古代の人は、それを「絶対性」と呼んできました。絶対性は、ラテン語でabsolutus（アブソリュートゥス）、原義は「（この世俗世界）から離れる」です。あえて道徳的に考えなくても、世事の思惑や意図から自由になって自然や生命、人や文化に向き合うとき、私たちの前には、本当に大切なこと、すなわち人が世界とともに生きるという健やかなかかわりが見えてきます。

　本書の編集は、英語科教育の領域で活躍されている馬場哲生先生にお願いいたしました。教職を志すみなさんが、本書を通じて、真に人間性豊かな、よりよい教育実践の学知的な礎を築かれることを心から願っています。

監修者　橋本美保／田中智志

まえがき

本書の概要

　本書は、英語教育の理論と実践について知るための包括的な概論書である。主として、中学校や高等学校の英語教師を目指す大学生と、英語教育に関する新しい知見や洞察を得て授業改善を目指す英語の先生方を対象に書かれているが、2020年度から正式な教科としての導入が予定されている小学校英語の指導もカバーしており、小学校教師を目指す人や現職の小学校教師にもお勧めできるものである。さらに、英語の指導法に関する知見は、そのまま英語学習に役立てることができることから、すべての英語学習者にとって有益なヒントがたくさん見つかるはずである。

　序章では、昨今の日本の英語教育改革について概観する。続く本書のメインパートは3部構成となっている。第1部のテーマは「英語教育の理論とシラバス」であり、「第二言語習得と英語指導法」、「中学校・高等学校における英語教育」、「小学校における英語教育」の3つの章から構成され、英語教育の理論的基盤と日本の英語教育の現状について知ることができる。

　第2部のテーマは英語教育における授業と評価であり、「中学校の授業モデル」、「高等学校の授業モデル」、「小学校の授業モデル」、「テストと評価」の4章から構成され、授業づくりと評価方法に関する実践的なノウハウを得ることができる。

　第3部のテーマは「語彙・文法・4技能の指導」であり、「語彙の学習と指導」、「文法の学習と指導」、「リスニング・スピーキングの学習と指導」、「リーディングの学習と指導」、「ライティングの学習と指導」の5つの章から構成され、英語力の骨格をなす語彙、文法、そして「聞く」「話す」「読む」「書く」の4技能の学習と指導について理論と実践の懸け橋となる知見に触れることができる内容となっている。終章では、英語教育における異文化理解教育、そして多文化共生への指針が述べられている。

より良い英語教育を目指す読者の皆さんへ

　現在の日本には英語教育改革の嵐が吹き荒れている。そんな中で、英語教育に対しては批判的意見も少なくない。その主たる理由としては、日本の英語教育に多くの改善の余地があることが挙げられるが、そのほかに大きな理由が2つあると思われる。

　1つが、英語教育に対する期待の高さである。人、モノ、情報、お金が国境を越えて高速で移動する「グローバル化」が急速に進む中で、国も英語教育強化の動きを加速させているが、その背景にあるのは英語教育、とりわけ学校での英語の授業に対する国民の期待の高さであろう。もともと英語は授業時間数が相対的に多いうえ、入試科目としても非常に目立つ存在である。社会的なニーズの高まりとともに、学校の授業への要求も厳しくなってきていると言えるだろう。

　もう1つの理由として、学校外で「英語ができなくて困った」という事態に遭遇することが、比較的一般的に起こりうることが挙げられるのではないか。社会に出て、特定のスポーツ競技がうまくできなくて困ったとか、特定の楽器がうまく弾けなくて困ったという経験は、特別な場合を除けばめったにないことだろう。それに対して、2時間程度の映画を見たり数日間の海外旅行をするだけでも、英語力の欠如を実感させられる事態に遭遇する可能性が常にある。

　学校の授業への国民の高い期待に応える質の高い英語教育を実現するための助けとして、本書をお役立ていただければ幸いである。

　　　　　　　　　　　　　　　　　　　　　編著者　馬場哲生

英語科教育 Contents もくじ

刊行に寄せて 2

まえがき 4

序章　**日本の英語教育に期待されるもの**　11
　第1節　日本の英語教育改革　11
　第2節　国際共通語としての英語　18

第1部
英語教育の理論とシラバス

第1章　第二言語習得と英語指導法　22
　第1節　第二言語習得理論　23
　第2節　言語習得に影響する学習者要因　27
　第3節　指導法の歴史　31

第2章　中学校・高等学校における英語教育　39
　第1節　学習指導要領　39
　第2節　検定教科書　43

第3章　小学校における英語教育　55

第1節　「外国語活動」導入の経緯　56
第2節　「外国語活動」の現状　58

第2部
英語教育における授業と評価

第4章　中学校の授業モデル　70

第1節　授業作りの基本　71
第2節　授業作りの実際　74

第5章　高等学校の授業モデル　84

第1節　「コミュニケーション英語」の授業　85
第2節　高等学校の英語授業改革のために提案された授業　93

第6章　小学校の授業モデル　102

第1節　指導内容　102
第2節　指導法　104
第3節　言語経験　106
第4節　教材・教具　108
第5節　指導案例　110

第7章 テストと評価　115

第1節　観点別学習状況の評価　116
第2節　定期テストの作り方　119
第3節　話すことの評価方法　121
第4節　CAN-DO リスト形式による学習到達目標　125

第3部
語彙・文法・4技能の指導

第8章　語彙の学習と指導　130

第1節　語彙知識　131
第2節　語彙の学習　134
第3節　語彙の指導　136

第9章　文法の学習と指導　146

第1節　明示的文法指導　147
第2節　機械的ドリル　151
第3節　コミュニカティブな文法指導　155
第4節　帰納的文法指導と演繹的文法指導　161

第10章　リスニング・スピーキングの学習と指導　165

第1節　リスニングの学習と指導　165
第2節　発音の学習と指導　170
第3節　スピーキングの学習と指導　175

第11章 リーディングの学習と指導　　*186*

第1節　リーディングのプロセス　　*186*
第2節　リーディング指導の実践　　*188*

第12章 ライティングの学習と指導　　*203*

第1節　センテンス単位のライティング指導　　*204*
第2節　制限英作文　　*206*
第3節　単独短文からまとまった長さの英文への橋渡し活動　　*209*
第4節　パラグラフ・ライティング　　*212*
第5節　フィードバック　　*216*

終章　多文化共生と英語教育　　*220*

第1節　英語教育の中の異文化理解教育　　*220*
第2節　多文化共生を目指して　　*222*

序　章

日本の英語教育に期待されるもの

第1節　日本の英語教育改革

　現在、日本の英語教育は改革の真っただ中にあり、国の諮問機関などからは矢つぎばやにさまざまな提言が出され、それらが教育政策に反映されつつある。本節では、審議会等による提言を基に、英語教育に関する昨今の政策動向を概観し、今日の英語教育に何が期待されているのかを知り、今後の道筋を探るきっかけとしたい。本節で取り上げるのは、①グローバル人材育成推進会議による「グローバル人材育成戦略」、②外国語能力の向上に関する検討会による「国際共通語としての英語力向上のための5つの提言と具体的施策」、③教育再生実行会議による「これからの大学教育等の在り方について」、④文部科学省による「グローバル化に対応した英語教育改革実施計画」、⑤英語教育の在り方に関する有識者会議による「今後の英語教育の改善・充実方策について　報告〜グローバル化に対応した英語教育改革の五つの提言〜」、⑥英語教員の英語力・指導力強化の

ための調査研究事業における「英語教育コア・カリキュラム」の6つである。以下に、それぞれの概要を紹介する。

(1)「グローバル人材育成戦略」グローバル人材育成推進会議

グローバル人材育成推進会議は、2010年9月の閣議決定に基づき、「我が国の成長を支えるグローバル人材の育成とそのような人材が活用される仕組みの構築を目指し、とりわけ日本人の海外留学の拡大を産学の協力を得て推進するため」に設置された。会議の議長は内閣官房長官であり、構成員は外務大臣、文部科学大臣、厚生労働大臣、経済産業大臣および国家戦略担当大臣である。

グローバル人材育成推進会議が2012年6月にまとめた「グローバル人材育成戦略」によると、グローバル化とは、「総じて、(主に前世紀末以降の)情報通信・交通手段等の飛躍的な技術革新を背景として、政治・経済・社会等あらゆる分野で『ヒト』『モノ』『カネ』『情報』が国境を越えて高速移動し、金融や物流の市場のみならず人口・環境・エネルギー・公衆衛生等の諸課題への対応に至るまで、全地球的規模で捉えることが不可欠となった時代状況を指すものと理解される」とある。

グローバル人材育成会議では、グローバル人材の要素として次の3つを挙げている。

　　要素Ⅰ：語学力・コミュニケーション能力
　　要素Ⅱ：主体性・積極性、チャレンジ精神、協調性・柔軟性、責任感・
　　　　　使命感
　　要素Ⅲ：異文化に対する理解と日本人としてのアイデンティティー

このうち要素Ⅰについては、グローバル人材の能力水準として、初歩から上級まで以下の5段階を挙げ、「我が国では、①②③レベルのグローバル人材の裾野の拡大については着実に進捗しつつあるものと考えられる。今後は更に、④⑤レベルの人材が継続的に育成され、一定数の『人材層』として確保されることが、国際社会における今後の我が国の経済・社会の発展にとって極めて重要」であるとして、英語教育強化の必要性を唱えて

いる。
　①海外旅行会話レベル
　②日常生活会話レベル
　③業務上の文書・会話レベル
　④二者間折衝・交渉レベル
　⑤多数者間折衝・交渉レベル

　（2）「国際共通語としての英語力向上のための５つの提言と具体的施策」外国語能力の向上に関する検討会

　外国語能力の向上に関する検討会は、「生徒の外国語能力の向上のため、目標設定の在り方をはじめ、指導方法、教材の在り方などの方策について、有識者等との意見交換を行い、今後の施策に反映させる」ことを目的として、文部科学省が2010年11月に設置したものである。2011年７月に「国際共通語としての英語力向上のための５つの提言と具体的施策」を発表した。提言は次の５つの柱から成り、2016年度の達成を目指した。
　１　生徒に求められる英語力について、その達成状況を把握・検証する。
　２　生徒にグローバル社会における英語の必要性について理解を促し、英語学習のモチベーション向上を図る。
　３　ALT、ICT等の効果的な活用を通じて生徒が英語を使う機会を増やす。
　４　英語教員の英語力・指導力の強化や学校・地域における戦略的な英語教育改善を図る。
　５　グローバル社会に対応した大学入試となるよう改善を図る。

　（3）「これからの大学教育等の在り方について」教育再生実行会議

　教育再生実行会議は2013年１月に閣議決定された会議で、その趣旨は「21世紀の日本にふさわしい教育体制を構築し、教育の再生を実行に移していくため、内閣の最重要課題の一つとして教育改革を推進する」ことである。会議は、内閣総理大臣、内閣官房長官、文部科学大臣兼教育再生担

当大臣および有識者により構成し、内閣総理大臣が開催する。2013年2月の第一次提言に始まり、2016年6月1日現在、9つの提言が出されている。各提言においては特定のテーマが取り上げられており、英語教育に直接関係するのは2013年5月に出された第三次提言「これからの大学教育等の在り方について」である。この提言では、初等中等教育段階からグローバル化に対応した教育を充実させるために以下の提案がなされている。

　○国は、小学校の英語学習の抜本的拡充（実施学年の早期化、指導時間増、教科化、専任教員配置等）や中学校における英語による英語授業の実施、初等中等教育を通じた系統的な英語教育について、学習指導要領の改訂も視野に入れ、諸外国の英語教育の事例も参考にしながら検討する。国、地方公共団体は、少人数での英語指導体制の整備、JETプログラムの拡充等によるネイティブ・スピーカーの配置拡大、イングリッシュキャンプなどの英語に触れる機会の充実を図る。

　○国は、英語教員の養成に際してネイティブ・スピーカーによる英語科目の履修を推進する。国及び地方公共団体は、英語教員がTOEFL等の外部検定試験において一定の成績（TOEFL iBT80程度等以上）を収めることを目指し、現職教員の海外派遣を含めた研修を充実・強化するとともに、採用においても外部検定試験の活用を促進する。

　○国は、グローバル・リーダーを育成する先進的な高校（「スーパーグローバルハイスクール」（仮称））を指定し、外国語、特に英語を使う機会の拡大、幅広い教養や問題解決力等の国際的素養の育成を支援する。国は、国際バカロレア認定校について、一部日本語によるディプロマ・プログラムの開発・導入を進め、大幅な増加（16校→200校）を図る。国及び地方公共団体は、高校生の海外交流事業や短期留学への参加を積極的に支援する。日本人学校等の在外教育施設において、現地の子どもを積極的に受け入れ、日本語教育や日本文化理解の促進に努める。

　提言で言及されている「スーパーグローバルハイスクール」の指定期間は2014年度より5年間で、対象学校は国公私立高等学校および中高一貫教

育校であり、指定校数は56校である。また、「国際バカロレア」(International Baccalaureate: IB) とは、世界共通の大学入試資格とそれにつながる小・中・高校生の教育プログラムのことであり、このプログラムを修了した者にはIB資格が授与される。この資格は、欧米諸国を中心として多くの国々で大学入学資格として受け入れられている。日本でも1979年に大学入学資格として認められた。IBに認定されている学校数は、2014年6月現在、世界147か国において3791校、日本では27校である。2018年までにIB認定校を200校まで増やすという政府の方針を受け、都道府県の公立校を含めて認定校を目指す取り組みが始まっている。

(4)「グローバル化に対応した英語教育改革実施計画」文部科学省

文部科学省は、初等中等教育段階からのグローバル化に対応した教育環境づくりを進めるため、小中高等学校を通じた英語教育改革を計画的に進めるための「グローバル化に対応した英語教育改革実施計画」を2013年12月に公表した。この計画では、①小学校中学年では学級担任を中心に指導する「活動型」の授業(週1〜2コマ程度)を行うこと、②小学校高学年では英語指導力を備えた学級担任に加えて専科教員の積極的活用によって「教科型」の授業を週3コマ程度行うこと、③中学校では授業は英語で行うことを基本とし、内容に踏み込んだ言語活動を重視すること、また、CEFR A1〜A2程度(英検3級〜準2級程度)の英語力育成を目指すこと、④高等学校では授業を英語で行うとともに言語活動を高度化し、発表・討論・交渉等を行わせること、またCEFR B1〜B2程度(英検2級〜準1級、TOEFL iBT57点程度以上等)の英語力育成を目指すこと、などが挙げられている。

教員については、小学校高学年では「高度な英語指導力を備えた専科教員としても指導が可能な人材の確保が急務」であり、小学校中学年では「学級担任も外国語活動の指導を行う必要が生じるため、研修をはじめとした指導体制の大幅な強化が不可欠」としている。中・高等学校では、「教員の指導力・英語力を向上させることが急務」であるとし、全英語科教員について英検準1級、TOEFL iBT80点程度等以上を確保することを求め

ている。さらに、外部人材の活用促進、指導用教材等の開発、教員養成課程・採用の改善充実も掲げられている。

なお、新学習指導要領の全面実施は2020年度に設定されているが、施行は段階的に行われ、小学校では2020年度、中学校では2021年度に一斉に施行され、高等学校では2022年度から学年進行で施行される見込みである。また、小学校高学年に導入される教科型の英語授業は週3コマ程度と提案されているが、実際には週2コマ程度になる見込みである。

(5) 「今後の英語教育の改善・充実方策について　報告〜グローバル化に対応した英語教育改革の五つの提言〜」英語教育の在り方に関する有識者会議

英語教育の在り方に関する有識者会議は、文部科学省の「グローバル化に対応した英語教育改革実施計画」を受けて2014年2月に設置され、小・中・高等学校を通じた英語教育改革について審議を重ね、以下の5つの柱から成る改革案を提案した。

　　改革1　国が示す教育目標・内容の改善
　　改革2　学校における指導と評価の改善
　　改革3　高等学校・大学の英語力の評価及び入学者選抜の改善
　　改革4　教科書・教材の充実
　　改革5　学校における指導体制の充実

ここでは改革1と改革2について述べる。改革1においては、「学習指導要領では、小・中・高等学校を通して①各学校段階の学びを円滑に接続させる、②『英語を使って何ができるようになるか』という観点から一貫した教育目標を示す」ことが掲げられている。また、高等学校卒業時に、生涯にわたり「聞く」「話す」「読む」「書く」の4技能を積極的に使えるようになる英語力を身につけることを目指す。改革2においては、「生徒が英語に触れる機会を充実し、中学校の学びを高等学校へ円滑につなげる観点から、中学校においても、生徒の理解の程度に応じて、授業は英語で行うことを基本とする」と記されている。また、4技能を通じて「英語を使って何ができるようになるか」という観点から各学校が学習到達目標を

設定することを求めている。

(6)「英語教育コア・カリキュラム」英語教員の英語力・指導力強化のための調査研究事業

　小・中・高等学校を通じた英語教育の抜本的充実のためには、小学校教員と中・高等学校の英語教員の英語力・指導力の向上が不可欠であることから、文部科学省は2015年度に「英語教員の英語力・指導力強化のための調査研究事業」を委託事業として行った。この事業では、教員養成・教員研修の現状と課題を明らかにする全国調査を行うとともに、小学校教員および中・高等学校英語教員の「養成」と「研修」のためのコア・カリキュラム（試案）を2016年2月に発表した。2016年度にはコア・カリキュラムの確定案が作成される予定である。

　小学校教員養成プログラムにおいては、授業設計と指導技術の基本を身につけることと、小学校において英語の授業ができる英語力・指導力を身につけることを目指す。中・高等学校の英語教員養成においては、生徒の4技能にわたる総合的なコミュニケーション能力を育成するための授業の組み立て方および指導・評価の基礎を身につけること、生徒の理解の程度に応じて英語で授業ができる指導力を身につけること、そして CEFR B2 レベルの英語力を身につけることを目指す。特に中・高等学校の教員養成課程においては、英語科の指導法の授業において学生が「模擬授業」を行うことが重視されており、①授業設計→②授業準備→③授業実施→④振り返り→⑤改善案の提案、という手順で学生自身が授業実践と授業改善を行うことが求められている。

　以上概観したように、日本の英語教育は大きな改革のうねりの中にある。これから英語教師を目指す人は、国の教育政策の動向についての情報を常に得て、英語教育に求められているものについて認識を深めておきたい。

第2節　国際共通語としての英語

　英語を学ぶ目的として、読者の皆さんは何を思い浮かべるだろうか。イギリス人やアメリカ人などの英語母語話者とコミュニケーションをすることや、英語母語話者の書いた文章を理解することを真っ先に思い浮かべる人も少なくないだろう。しかし、英語は今や英語母語話者だけのものではない。

　世界の英語母語話者は、約3億3000万人であると言われている。この数字は、中国語母語話者の約12億人に比べるとずっと少ないが、英語は母語話者だけでなく、旧イギリス植民地国などで「公用語」(official language) として用いたり、日常生活で(狭義の)「第二言語」(second language) として用いたりする人が数多く存在し、その数は1億5000万人から5億人程度と言われている。さらに、今日において英語は、外交、通商、学術、芸能、そして草の根の交流などさまざまな場面において、英語を母語としない人々が互いに意思疎通する手段として用いられている。このように英語を「共通語」(lingua franca またはcommon language)、「国際語」(international language) として用いている人は、1億人から10億人と言われている［Kachru 1982, Mackay 2002, Crystal 2003］。これらの数値に大きな誤差があるのは、言語の使用者を特定することが難しいためである。例えば、日本では中学校で全ての人が英語を学ぶが、そのうち何人が英語の使用者と言えるかを特定することは難しい。多く見積もって、世界で十数億人の人が英語使用者であると言えるだろう。ここで重要なことは、英語は世界で多くの人に用いられているということだけでなく、国境や言語圏を越えたコミュニケーションに用いる共通語として「事実上の標準」(de facto standard) になっている点である。

　英語教育においても、英語のネイティブ・スピーカーとのコミュニケーション手段としての英語だけでなく、国際共通語としての英語を生徒に身につけさせる姿勢が必要であろう。そのときに論点になるのが、①生徒に

どのような英語のインプットを与えるべきか、②生徒にどのような英語のアウトプットを求めるのか、の2点である。インプットについて言えば、発音、語法、文法のモデルとして適切なのは、特に入門期においては、教養ある英語母語話者によって正しいと認識される「標準的な英語」であると言ってよいであろう。そこから徐々に、さまざまな英語母語話者の英語、そして英語を母語としない人々の英語に触れる機会を増やしていけるとよいのではないか。生徒のアウトプットに対しては、母語話者の発話をモデルとしつつも、生徒が母語話者と同じ水準まで到達することを求める必要は必ずしもないであろう。世界中の人々が、英語母語話者の英語とは異なる独自性のあるお国なまりの英語 "World Englishes" を使ってコミュニケーションをしているのであり、日本人もその仲間であってよいはずである。ただし、自己流で相手に伝わらない英語であってはコミュニケーション手段として機能しないので、「理解可能なアウトプット」ができるレベルに引き上げていく手立てと努力が生徒にも教師にも必要である。

　世界の人々と英語でコミュニケーションができる英語力を生徒に身につけさせるためにはどうしたらよいか。そのヒントを本書からぜひ見つけていただきたい。

引用・参考文献

Crystal, David *English as a Global Language* (2nd edition), Cambridge University Press, 2003

Kachru, Braj B. (ed) *The Other Tongue. English Across Cultures* (2nd edition), University of Illinois Press, 1982

McKay, Sandra Lee *Teaching English as an International Language: Rethinking Goals and Perspectives*, Oxford University Press, 2002

第 *1* 部

英語教育の理論とシラバス

第1章

第二言語習得と英語指導法

はじめに

　この章では、第二言語習得に関する理論的背景と、それに基づいて変遷を遂げてきた英語指導法の歴史を学ぶ。また、第二言語習得に影響を与える学習者要因について、代表的なものを概観する。

　第二言語習得研究の分野では「第二言語」(second language)と「外国語」(foreign language)を区別して論じることが多く、対象となる言語が日常的に使われている環境で習得される言語を「第二言語」と呼び、日常的には使われず教室内だけで使われる環境で習得される言語を「外国語」と呼ぶ。この定義に従うと、日本における英語は「第二言語」ではなく「外国語」となるが、本章では用語の区別はせず、全て「第二言語」あるいは「英語」と呼ぶこととする。

第1節　第二言語習得理論

1. 母語習得と第二言語習得

　第二言語習得研究の原点は母語習得研究にあると言っても過言ではない。私たちは皆、なにかしら特別な事情がある場合を除いて、生まれや育ちにかかわらず、全ての人が母語を習得する。さらに、母語は意識的に勉強しなくても自然と身についてしまうことから、言語学者のノーム・チョムスキー（Noam Chomsky）は、人間には生まれながらに言語を習得する能力が備わっているのではないかと考えた。彼はこの能力を言語習得装置（Language Acquisition Devise; LAD）と呼び、子どもが生まれてから母語の大量のインプットに触れることにより、頭の中にあるこの装置が作動して母語が習得されるという仮説を立てた。この LAD はあらゆる言語に対応できなくてはいけないということから、全ての言語に共通する普遍的な枠組みを備えたものであると考えられており、後にこの枠組みは普遍文法（Universal Grammar; UG）という概念で表されるようになる。

　では、第二言語習得の場合はどうだろうか。人がどのように第二言語を習得するかを考える切り口には、「言語学的」（linguistic）アプローチ」と「認知的」(cognitive) アプローチがある。言語学的アプローチでは、母語習得と同様に普遍文法の観点から第二言語習得のメカニズムを捉えようとしており、第二言語習得においても普遍文法がなんらかの役割を担っているのではないかと考える。ただし、母語習得の場合とは異なり、第二言語習得の場合は、学習者によって最終到達レベル（ultimate achievement）やそこに至るまでのプロセスが異なるため、普遍文法が果たす役割については確かなことは分かっていない。しかし、第二言語を習得する過程において、学習者が母語にも第二言語にもない構文や表現を使ったりする現象が見られることから、学習者自身の頭の中に、母語でも第二言語でもない、いわゆる「中間言語」(interlanguage) が存在すると考えられており、この中間

言語の存在は普遍文法の概念なしでは説明できないと考えるのが言語学的アプローチである。さらに、学習者は必ずしも教わった順番どおりに言語を習得するわけではないという事実も、第二言語習得における普遍文法の存在の裏付けとなっている。

　一方、認知的アプローチでは、第二言語習得を一般的な学習や記憶のメカニズムに準ずるものと捉え、試行錯誤を繰り返して問題解決をしながらスキルなどを身につけていくプロセスを第二言語習得に当てはめようとしている。言語学的アプローチでは言語知識の習得を他の知識の習得とは異なる特別なものとして捉えているのに対し、認知的アプローチでは言語知識の習得は言語以外の学習と本質的に違いはないと考える。認知的アプローチには、大きく分けて2つの立場がある。一つは、学習者一人ひとりの頭の中で起こる「インプットの理解→理解したデータの分析と内在化→アウトプット」という認知プロセスに沿って言語習得を捉える立場である。もう一つは、社会文化理論（sociocultural theory）の観点から、言語は社会で生きていくためのツールであり、その言語を使ってやり取りをすること、すなわちインタラクション（interaction）を通して習得されるもので、学習者個人の頭の中でのみ完結するものではないと考える立場である。

2．第二言語習得の仮説

　第二言語習得のメカニズムやプロセスを説明するために、前項で述べた2つのアプローチに基づいて、これまでにいくつかの仮説が提唱されてきた。代表的なものを見てみよう。

(1) インプット仮説（The Input Hypothesis）

　クラッシェン（Stephen Krashen）が提唱した仮説で、学習者に「理解可能なインプット」（comprehensible input）が与えられれば、第二言語は習得できるという考え方である[Krashen 1985]。「理解可能なインプット」とは、分からない言語項目が多少なりとも含まれているが、文脈の助けを借りれば

その意味を推測することが可能で、かつ全体の意味もほぼ理解できるインプットのことである。このようなインプットを大量に得ることにより、学習者の頭の中に、言語の「形式」(発音や構造)、「意味」、「機能」(「依頼」「忠告」などの言語機能)の結びつき (form-meaning-function mapping) が形成され、これが言語知識の基盤となると考える。なお、この仮説は、クラッシェンとテレル (Tracy D. Terrell) が提唱した「ナチュラル・アプローチ」(The Natural Approach) という指導法 [Krashen and Terrell 1983]（本章第3節 p.34参照）の基盤となっている5つの仮説の一つである。他の4つの仮説は以下のようなものである。

習得−学習仮説 (The Acquisition-learning Hypothesis):「習得」(言語運用能力の獲得につながる無意識的な活動) と「学習」(明示的知識獲得につながる意識的な活動) は別物であり、前者は意味重視 (meaning-focused) の指導によって促進され、後者は形式重視 (form-focused) の指導によって促進される。

自然順序仮説 (The Natural Order Hypothesis):言語の文法構造は、学習者の母語にかかわらず予測可能な一定の順序で習得され、指導によってその順序が変わることはない。

モニター仮説 (The Monitor Hypothesis):大人の言語使用において意識的学習の果たす役割は限定されたものであり、それは、自分の発話をチェックする「モニター」として機能するのみである。モニターが機能するためには、①構造の適否を考える「時間」があり、②言語の「形式」を意識し、③規則を「明示的に知って」いなければならない。

情意フィルター仮説 (The Affective Filter Hypothesis):言語の習得を促進するには、理解可能な入力の活用を妨げるような緊張・不安などの「情意フィルター」を下げることが重要である。

(2) **アウトプット仮説** (The Output Hypothesis)

スウェイン (Merrill Swain) が提唱した仮説で、第二言語を習得するためには、理解可能なインプットだけでなく、「理解可能なアウトプット」(comprehensible output) を産出しようと学習者が努力することが不可欠であるとする [Swain 1985, 1993, 1995]。アウトプットしようとすることにより、①現在の自分がその言語を使ってできることとできないことのギャップに気づき、そのギャップを埋めようという意識が働き、②自分のアウトプットに対する聞き手あるいは読み手からのフィードバックを通して、自分の表現が正しいかどうかを「仮説検証」(hypothesis testing) することができ、③文法規則について意識的に考えるようになり、④アウトプットを繰り返すことで言語処理の自動化が進む、と考えられている。

(3) インタラクション仮説 (The Interaction Hypothesis)

第二言語を使ったインタラクションが第二言語習得において重要な役割を果たすという仮説で、ロング (M. H. Long) により提唱された [Long 1981, 1983, 1996]。インプット仮説とアウトプット仮説の考えを融合したものとも言える。学習者は対話をする中で、相手の言っていることが分からなければ聞き返したり、自分の言いたいことがうまく通じなければ言い換えたりするなど、意思の疎通を図るためにさまざまな「意味交渉」(negotiation of meaning) を行う。その過程で以下のようなことが可能になり、第二言語習得が促されると考えられている。

①理解不可能なインプットを理解可能なインプットに変化させることができる。
②言語の形式、意味、機能の結びつきが形成される。
③聞き手のフィードバックを通して、自分の発話が正しいかどうか仮説検証することができる。
④相手に自分の意思が伝わらなかったとき、繰り返してアウトプットしたり、修正してアウトプットしたりする「強制アウトプット」(pushed output) が求められるため、さらなる仮説検証の機会が生まれる。

(4) 処理可能性仮説 (The Processability Hypothesis)

ピーネマン (Manfred Pienemann) により提唱された仮説で、「処理可能性

理論」(proessability theory) とも呼ばれている。第二言語習得はある一定の順序や段階を経て進み、ある言語項目を習得するには、その一つ前の発達段階に位置する項目を習得していなければならず、この段階を飛び越えて習得することはできないとする仮説である [Pienemann 1998, 2005]。この仮説は学習者の発達段階を予測するのに役立つと考えられており、英語だけに限らずさまざまな言語の第二言語習得研究において仮説の検証が行われている。なお、ここで言う発達段階とは、その言語項目を実際に使える段階、つまり「産出」できる段階を表しており、「理解」できる段階ではない。また、全ての言語項目に明確な習得順序があるわけではなく、言語項目には、習得・発達順序が決まっている「発達的項目」(developmental features) と、順序性がなく学習者によって習得時期が異なる「変異的項目」(variational features) があると考えられている。

言語習得に影響する学習者要因

　母語習得の場合とは異なり、第二言語習得では、学習者によって習得の速度、最終到達レベル、そこに至るまでのプロセスなどが異なる。また、一人の学習者が、読んだり書いたりする力は母語話者に引けを取らないレベルまで到達しているが、発音は同じようにはいかないというようなこともある。このような違いは学習者の個人差 (individual differences) によるものだと考えられており、学習者要因とも呼ばれる。第二言語習得に影響を与えると考えられている学習者要因をいくつか見てみよう。

　(1) 年齢 (age)

　第二言語を習得する際、ある程度の年齢を過ぎると母語話者と同じレベルの言語能力を身につけることは不可能になるという考えがある。これを「臨界期仮説」(critical period hypothesis) と呼び、12〜15歳くらいの思春期あたりが境目ではないかと言われている。この仮説は母語習得研究の分野

で提唱され［Lenneberg 1967］、その後、第二言語習得研究にも取り入れられたが、第二言語習得においては「臨界期」の代わりに「敏感期」（sensitive period）という概念が使われることもある［Lamendella 1977; Long 1990; Oyama 1976］。これは、ある時期を境に突然、言語の習得能力が失われるというよりも、その時期を過ぎると第二言語を習得することが徐々に困難になるという現象を踏まえた考え方である。特に音声面の習得に関しては、敏感期を過ぎると発音に母語のなまりが残ることなく第二言語を習得することがしだいに困難になることが報告されている。

　第二言語習得における年齢要因は多角的に捉える必要がある。例えば、言語領域（音声・語彙・文法など）による違い、初期段階の優位性（initial advantage）、習得速度（rate of acquisition）の優位性、最終到達度（ultimate attainment）の優位性、習得の道筋（route of acquisition）や習得の過程（process of acquisition）の違いなど、多様な側面がある。

　(2) 知能（intelligence）

　人間の知能と第二言語習得の関係については、はっきりとしたことは分かっていないが、知能と第二言語習得の関係性を考える切り口の一つに、カミンズ（Jim Cummins）が提唱した言語熟達度の2つの側面、CALP（Cognitive Academic Language Proficiency）とBICS（Basic Interpersonal Communication Skills）が挙げられる［Cummins 1984 p.138］。CALPには言語を使った認知的負荷の高い処理が含まれるのに対し、BICSには対人コミュニケーションにおいて言語を使って円滑に適切なやり取りをするスキルが含まれる。学習者の知能は、この2つのうちCALPとより関係が強いのではないかと言われている。ただし、知能と第二言語習得の関係は、知能の測り方や、言語力のどの側面に焦点を当てるかによって結果が変わる可能性が高いことから、さらに多岐にわたる研究が必要とされる。

　(3) 言語適性（language aptitude）

　ある言語を学習するために私たちがあらかじめ持っている素質のことを

言語適性と呼び、音を捉えて記憶する力（phonetic coding ability）、暗記力（rote memory）、文法規則を見つけ出す力（grammatical sensitivity）、帰納的にパターンを発見する力（inductive language learning ability）などが含まれる。このような言語適性が、第二言語習得の成功をある程度予測できるという研究結果もある一方で、言語適性を正しく測定できるテストの開発が十分にはなされていないことから、第二言語習得と言語適性の関係については、はっきりとしたことは分かっていない。

（4）作業記憶（working memory）

作業記憶とは記憶の種類の一つで、一時的に情報を保つ「保持」の機能と、新たに得た情報をすでに知っている情報（長期記憶に保存されている情報）と結びつけるなどの「処理」の機能があるとされている。作業記憶の容量には個人差があり、容量が大きければ大きいほど一度に処理できる情報量も増えるため、第二言語習得においても有利になると考えられている。

（5）パーソナリティー（personality）

個人を特徴づける行動、態度、信念、考え、感情などを総称してパーソナリティーと呼ぶ。具体的には、開放性（openness to experience）、誠実性（conscientiousness）、外向性（extraversion）、協調性（agreeableness）、神経症傾向（neuroticism）などがパーソナリティーの構成要素として挙げられる。パーソナリティーの違いが第二言語習得に与える影響に関する研究の数はそれほど多くないが、学習における動機づけや不安、学習方略（learning strategy）といった要素が関係していると考えられている［Verhoeven and Vermeer 2002］。例えば、外向性が高い学習者はコミュニケーション活動に対するストレスや不安を感じにくいので、ペアやグループで行う口頭タスクを通して言語を学ぶことにたけているが、内向性が高い学習者は読み書きのように一人で取り組める活動を通して言語を学ぶことにたけている、といった可能性が示唆されている。ただし、さまざまな研究の結果は一貫しておらず、さらなる研究が必要とされる［Ellis 2008］。

(6) 学習者不安 (anxiety)

　人々が感じる不安は「状態不安」(state anxiety) と「特性不安」(trait anxiety) に分けて考えることができ、前者はある特定の出来事や状況に対して一時的に感じる不安であるのに対し、後者は慢性的に感じている不安で、パーソナリティーの特性に係る不安を指す。第二言語学習において学習者が抱える不安は「言語不安」(language anxiety) と呼ばれることもあり、これは言語学習という特定の状況における不安であることから「状況特有不安」(situation-specific anxiety) の一つに分類される。言語不安には、コミュニケーション不安 (communication apprehension)、他人からの否定的な評価に対する恐れ (fear of negative social evaluation)、成績や評価に対する不安 (test anxiety) などが含まれる。学習者が感じる不安の強さには個人差があることが分かっており、さらに、学習過程に応じて学習者が感じる不安は変化すると考えられている［MacIntyre and Gardner 1991］。

(7) 動機づけ (motivation)

　学習の成功には動機づけが不可欠である。動機づけとは、人に行動を起こさせ、目標に向かわせる心理的な過程のことで、目標 (goal)、態度 (attitude)、欲求 (desire)、努力の度合い (motivational intensity) といった要素が含まれる［Gardner 1985］。また、行動を起こさせる理由のことを「志向」(orientation) と呼んで動機づけと区別することもあるが、本書ではこの区別をせず、志向も動機づけの一部に含めて考える。

　授業外で第二言語を使う必要性がほとんどない日本のような環境においては、どのように学習への動機づけを行うかが重要である。第二言語学習者の動機づけにはいくつかの分類がある。その中で代表的なものに、「道具的動機づけ」(instrumental motivation) と「統合的動機づけ」(integrative motivation) がある。前者は、第二言語を学習することによりなんらかの成功や利益を手にしたいという動機づけで、例えば「試験に合格したい」「よい職業に就きたい」といったものが含まれる。後者は、第二言語を学

習することにより、その言語が話されている社会や地域、グループの一員になりたいという動機づけのことで、例えば、移民として米国に渡った人が、英語をできるだけ早く身につけて社会の一員として認められたいという思いが強い場合、それは統合的動機づけが強いと言える。

　もう一つの代表的な分類に、「内発的動機づけ」（intrinsic motivation）と「外発的動機づけ」（extrinsic motivation）がある。前者は、第二言語を学ぶこと自体に楽しみを見いだしてがんばろうとする動機づけで、学習者自身の意志で第二言語を学ぼうとするのに対し、後者は、なんらかの利益を得るためにその言語を学習しようとする動機づけで、第二言語を学ぶ理由が外的なものに起因するため、これが失われた時点で学習が止まってしまう可能性がある［Noels et al. 2000］。

　ここまで述べた2つの分類に含まれる動機づけは、必ずしも相反するものではない。例えば、一人の学習者が道具的動機づけと統合的動機づけの両方を持っていることもあり得るし、その学習者が置かれている環境や状況によってそれぞれの動機づけの強さも変わってくる。さらに、学習者の実際の学習行動については、教師の働きかけや課題のおもしろさといった要素も影響するので、動機づけだけでは説明できない部分がある。

第3節　指導法の歴史

　第二言語をどう教えるかについては、万人にとって効果的な唯一絶対の指導法が存在するわけではなく、学習者のニーズや特性に合わせて教師が教え方や教材を選択し、調整する必要がある。すなわち、教師の役割は学習者に言語の知識を与えるだけではなく、学習を促進させる存在（facilitator）でなくてはならない。学習を促進させるための指導法について、これまで多くの研究者がさまざまな指導法を考案してきた。時代を追ってその変遷を概観する。

（1）文法訳読式指導法（Grammar-Translation Method）

文法解説と訳読作業が中心の教授法で、中世ヨーロッパのラテン語教育において文学作品を読み解く力を身につけるために開発された指導法が元祖となっている。

（2）直接指導法（The Direct Method）

グアン（François Gouin 1831～1896）やベルリッツ（Maximilian D. Berlitz 1852～1921）により提唱された指導法で、子どもの母語習得にヒントを得て開発された。言語は実際に使うことを通して習得するという考えに基づいており、母語の使用を極力避けて、第二言語を使って指導する［Gouin 1892］。

（3）オーラル・メソッド（The Oral Method）

口頭練習を重視した指導法で、パーマー（Harold E. Palmer 1877～1949）により提唱された［Palmer 1921］。直接指導法と似ているが、教材の選択（selection）、配列（gradation）、提示（presentation）が体系的に考えられている点が異なる。

（4）オーディオリンガル・メソッド（The Audiolingual Method）

第二次世界大戦中にアメリカ軍が導入した「陸軍特別教育プログラム」（the Army Specialized Training Program）が発端となって誕生した指導法で、フリーズ（Charles C. Fries 1887～1967）により提唱された［Fries 1945］。言語習得は、刺激（stimulus）、反応（response）、強化（reinforcement）を通した「習慣形成」（habit formation）により行われるという考えに基づいていて、音韻、語構成、文構成などの一定の型（パターン）に慣れるための「パターン・プラクティス」（pattern practice　第9章第2節2. pp.152-154参照）が代表的な指導技術である。

(5) サイレント・ウェイ（The Silent Way）

ガテーニョ（Caleb Gattegno 1911～1988）により提唱された指導法で、第二言語は知識を教えられて身につくものではなく、学習者自身が言語的「気づき」を得ることによるという考えに基づいている。授業中に教師は必要最低限の発話しかせず、学習者にできる限り口を開かせることを目指す。チャートや絵、色付きの棒などの教具を使って授業を進める。

(6) 全身反応法（Total Physical Response; TPR）

アッシャー（James J. Asher 1929～）により提唱された指導法で、子どもが母語を習得するとき、話す能力よりも前に聞く能力を身につけることにヒントを得て開発された。教師の指示（命令）に学習者が身体的に反応することで表現などを学んでいく。

(7) サジェストペディア（Suggestopedia）

ロザノフ（Georgi Lozanov 1926～2012）により提唱された指導法で、暗示学（suggestology）に基づいている。学習者の不安や緊張をできるだけ取り除くことで、学習効果を最大限に引き出すことを目指す。明るい雰囲気の教室に座り心地の良いいすを並べ、音楽を流すなど、リラックスした雰囲気の中で学習者は第二言語を学ぶ。授業の一例としては、まず BGM とともに教師が教材を朗読し、学習者はリラックスしながらそれを聞いて理解し、その後、学んだ表現を使ってコミュニケーション活動を行うが、このとき学習者は、自分とは違う名前や職業の人物になりきって活動する。このようにすることで、学習者の緊張を和らげ、楽しく集中して学習を進めることを目指している。学習者は発言を強要されたり、細かい間違いを指摘されたりすることはない。

(8) コミュニカティブ・ランゲージ・ティーチング（Communicative Language Teaching; CLT）

コミュニケーション能力を身につけることを目標とした指導法の総称。

授業中に第二言語を使ってさまざまなコミュニケーション活動を行う。「正確さ」(accuracy) よりも「流暢さ」(fluency) に重点が置かれていて、学習者は間違いを恐れずに、さまざまな方略を駆使して第二言語でコミュニケーションすることが奨励される。

(9) ナチュラル・アプローチ (The Natural Approach)

クラッシェンとテレルによって提唱された指導法 [Krashen, S. D. and Terrell 1983] で、言語習得に関する5つの仮説 (本章第1節 2. pp.24-25参照) に基づいている。具体的には、①授業中は「学習」よりも「習得」を促すための活動により多くの時間を費やすこと (習得−学習仮説)、②自然習得順序を考慮した誤りの指摘・修正を行うこと (自然順序仮説)、③正確に発話するために意識的に文法知識を使う (モニターを使う) 機会は、ライティング活動のように十分に時間をかけて行う活動で与え、話す活動ではそれを求めないこと (モニター仮説)、④授業中には学習者にとって理解可能なインプットをできるだけ多く与えることを最優先課題とすること (インプット仮説)、⑤言語学習に対する学習者の緊張や不安をできるだけ少なくするため、学習の初期段階では無理に発話を求めず、学習者が発話をするときは、例えば文の形を成していないような不完全な発話であっても許容し、学習者の発話を積極的に促すようにすること (情意フィルター仮説)、などが提唱されている。

(10) 内容中心指導法 (Content-Based Instruction; CBI)

CLTの派生系としてアメリカで発展した指導法で、移民の同化政策を促進するために始まった。第二言語を用いて教科等を教えることを通して、自然な言語習得を促す指導法である。CBI の一種には、英語を使ってさまざまな教科を教える「イマージョンプログラム」(Immersion Program)、第二言語の能力が不十分な移民の子どもたちのための言語教育プログラム (Programs for Students with Limited English Proficiency)、仕事や学業のために第二言語を使うことを目的とした人を対象とした、特定の目的のため

の言語教育（Language for Specific Purposes; LSP）が含まれる。

(11) タスク中心指導法（Task-Based Language Teaching; TBLT）

学習者のレベルやニーズに合わせたタスク（＝課題・活動）によりシラバスを構成する指導法。タスクの内容は現実社会でのコミュニケーションに類似したものでなければならず、例えば、旅行パンフレットを見ながら週末旅行の計画を立てるとか、不動産の広告を見ながら共同生活をするのに最適な物件を探すといったタスクを、学習者どうしが英語を使って情報交換（information exchange）や意味交渉（negotiation of meaning）をしながら遂行する。

(12) 内容言語統合学習（Content and Language Integrated Learning; CLIL）

内容を扱うための道具として第二言語を使うことで言語習得を促す指導法で、ヨーロッパにおける多言語多文化政策を促進するために始まった。CBIと同様に、言語を「使いながら学び、学びながら使う」（Learn as you use, use as you learn）という発想に基づいている。CBIの究極の目標が第二言語習得であるのに対し、CLILは第二言語と内容（科目など）の学習の比重が同程度である。また、CLILの主たる目的が第二言語の習得である場合（soft CLIL）と教科内容の定着である場合（hard CLIL）、授業の一部をCLILで行う場合（partial CLIL）と授業全てをCLILで行う場合（total CLIL）、母語を使用しながら行う場合（bilingual CLIL）と第二言語のみで行う場合（monolingual CLIL）などのように、CLILのやり方にもさまざまなバリエーションがある。

おわりに

第二言語習得の理論や指導法はさまざまあるが、多くの指導法の根底にある原理は、「言語を習得するには大量のインプットが必要」ということである。これは、学習者要因の影響にかかわらず、すべての学習者に共通

して言えることである。日本における学校英語教育への批判として、中学校と高等学校で6年間も英語を勉強したのに話せるようにならないという声があるが、中・高等学校で使う教科書を通して生徒たちが得るインプットの量は、決して多いとは言えない。また、教室の外に出たら英語を使う機会がほとんどないという環境において、できるだけ効率よく英語を学ぶためには、限られたインプットを確実に身につけさせなければならない。この後の章では、その方法についてさらに具体的に学んでいく。

引用・参考文献

和泉伸一・池田真・渡部良典編『CLIL（内容言語統合型学習）——上智大学外国語教育の新たなる挑戦 第2巻 実践と応用』上智大学出版、2012年

門田修平『英語上達12のポイント』コスモピア、2014年

白井恭弘『英語教師のための第二言語習得論入門』大修館書店、2012年

白井恭弘『外国語学習の科学——第二言語習得論とは何か』岩波書店、2008年

白畑知彦編著『英語習得の「常識」「非常識」——第二言語習得研究からの検証』大修館書店、2004年

村野井仁『第二言語習得研究から見た効果的な英語学習法・指導法』大修館書店、2006年

渡部良典・池田真・和泉伸一編『CLIL（内容言語統合型学習）——上智大学外国語教育の新たなる挑戦 第1巻 原理と方法』上智大学出版、2011年

Cummins, J. *Bilingualism and special education: Issues in assessment and pedagogy*, Clevedon England: Multilingual Matters, 1984

DeKeyser, R. M. "The robustness of Critical Period effects in second language acquisition," *Studies in Second Language Acquisition*, 22, 2000, pp. 499-533

Ellis, R. *The Study of Second Language Acquisition* [2nd Edition], Oxford University Press, 2008

Fries, C. C. *Teaching and Learning English as a Foreign Language*, Michigan

University Press, 1945

Gardner, R. *Social Psychology and Second Language Learning: The Role of Attitude and Motivation*, Edward Arnold, 1985

Griffiths, C.(eds) *Lessons from Good Language Learners,* Cambridge University Press, 2008

Gouin, F. *The Art of Teaching and Studying Languages*, Translated by Swain, H. and Betis, V., George Phillips and Son, 1892

Harmer, J. *The Practice of English Language Teaching* [4th edition], Pearson Japan, 2007

Krashen, S. *The Input Hypothesis: Issues and Implications*, Longman, 1985

Krashen, S. D. and Terrell, T. D. *The Natural Approach: Language Acquisition in the Classroom,* Alemany Press, 1983

Lamendella, J. T. "General Principles of Neurofunctional Organization and their Manifestation in Primary and Nonprimary Language Acquisition," *Language Learning,* 27, 1977, pp.155-196

Lenneberg, E. *Biological Foundations of Language*, New York: John Wiley, 1967

Lightbown, P. M. and Spada, N. *How Languages Are Learned* [4th edition], Oxford University Press, 2013

Long, M. H. "Input, interaction and second language acquisition," Winitz, H. (ed.) *Native language and foreign language acquisition,* Annals of the New York Academy of Sciences 379, 1981, pp. 259-278

Long, M. H. "Linguistic and conversational adjustments to non-native speakers," *Studies in Second Language Acquisition 5(2)*, 1983, pp.177-193

Long, M. H. "Maturational Constraints on Language Development," *Studies in Second Language Acquisition, 12,* 1990, pp.251-285

Long, M. H. " The role of the linguistic environment in second language acquisition," Ritchie, W. C. & Bahtia, T. K. (eds.) *Handbook of second language acquisition,* pp.413-468, New York: Academic Press. Reprinted in Ortega, L. (ed.) *Second language acquisition: Critical concepts in linguistics,*

London: Routledge, 1996

MacIntyre, P. and Gardneer, R. "Language anxiety: its relationship to other anxieties and to processing in native and second languages," *Language Learning, 41*,1991, pp.513-534

Noels, K., Pelletier, L., Clement, R. and Vallerand.R. "Why Are You Learning a Second Language? Motivational Orientation and Self-determination Theory," *Language Learning, 50*, 2000, pp.57-85

Oyama, S. "A Sensitive Period for the Acquisition of a Nonnative Phonological System," *Journal of Psycholinguistic Research, 5(3)*, 1976, pp.261-283

Palmer, H. *The Oral Method of Teaching Languages*, Heffner and sons, 1921

Pienemann, M. *Language Processing and Second Language Development*, John Benjamins Publishing Company, 1998

Pienemann, M.(ed.) *Cross-Linguistic Aspects of Processability Theory*, John Benjamins Publishing Company, 2005

Seliger, H. "Implications of a multiple critical periods hypothesis for second language learning," Ritchie, W. C.(ed.) *Second Language Research: Issues and implications*, New York: Academic Press, 1978.

Swain, M. "Communicative competence: Some roles of comprehensible input and comprehensible output in its development," Gass, S. and Madden, C. (Eds.) *Input in Second Language Acquisition*, New York: Newbury House, 1985, pp.235-256

Swain, M. "The Output Hypothesis: Just Speaking and Writing Aren't Enough," *Canadian Modern Language Review, 50(1)*, 1993, pp.158-164

Swain, M. "Three functions of output in second language learning," Cook, G. and Seidelhofer, B. (Eds.) *Principle and Practice in Applied Linguistics: Studies in Honor of H.G. Widdowson*, Oxford University Press, 1995, pp.125-144

Verhoeven, L. andVermeer, A. "Communicative competence and personality dimensions in first and second language learners," *Applied Psycholinguistics, 23*, 2002, pp.361-374

第2章

中学校・高等学校における英語教育

はじめに

中学校の現行学習指導要領は2008年に公示され、2012年度より完全実施されている。また、高等学校の現行学習指導要領は2009年に公示され、2013年度より学年進行で順次実施され、2015年度に全学年が新課程に切り替わった。本章では、第1節で中学校・高等学校の外国語（英語）の学習指導要領について、その特徴を旧指導要領と対比しながら明らかにし、第2節で教科用図書（検定教科書）の現状と今後の課題について述べる。

第1節　学習指導要領

1. 中学校の学習指導要領

2008年版中学校学習指導要領では、外国語（英語）の授業時間数の増加な

ど、大きな改訂が加えられた。主な変更点を以下に記載する。

(1) 目標

「外国語」の目標は、1998年版学習指導要領においては「外国語を通じて、言語や文化に対する理解を深め、積極的にコミュニケーションを図ろうとする態度の育成を図り、<u>聞くことや話すことなどの実践的コミュニケーション能力の基礎を養う</u>」（下線は筆者）ことであったが、2008年版においては下線部が「聞くこと、話すこと、読むこと、書くことなどのコミュニケーション能力の基礎を養う」に変更されており、口頭技能重視から4技能のバランスのとれた指導へと舵が切られたことが特徴である。

(2) 授業時間数、語数、言語活動の指導項目などの増加

2008年の指導要領改訂における外国語（英語）の最も大きな変化は、それまで週3時間（年間105時間）だった授業時数が週4時間（年間140時間）になったことである。全ての学年で授業時数が増えたのは英語と保健体育だけであり、各学年で1時間増加したのは英語のみである。これに伴い、指導する語数は「900語程度まで」から「1200語程度」に増加し、言語活動の指導項目の記載も4項目から5項目に増加している。また、言語材料についてはいわゆる「歯止め規定」が撤廃され、1998年版で「to不定詞のうち基本的なもの」といった形で用いられていた「基本的なもの」という表現が全て削除されたうえ、間接疑問文や関係代名詞などに付されていた「理解の段階にとどめること」という制限も撤廃された。文法事項の増加（高等学校から中学校への配当移動）はなかったが、「文法については、コミュニケーションを支えるものであることを踏まえ、言語活動と効果的に関連付けて指導すること」が記された。また、題材には「伝統文化や自然科学」が新たに加わった（本章第2節 4. p. 49参照）。

2. 高等学校の学習指導要領

2009年に公示された高等学校の学習指導要領においても大きな改訂が行われた。以下に主たる変更点を示す。

(1) 目標

1999年版学習指導要領において、外国語科（英語）の目標は「外国語を通じて、言語や文化に対する理解を深め、積極的にコミュニケーションを図ろうとする態度の育成を図り、<u>情報や相手の意向などを理解したり自分の考えなどを表現したりする実践的コミュニケーション能力を養う</u>」（下線は筆者）ことであったが、この下線部は2009年版学習指導要領では「情報や考えなどを的確に理解したり適切に伝えたりするコミュニケーション能力を養う」に変更された。

(2) 科目構成の大幅改変

2009年版学習指導要領では、英語の科目構成が再編されたのが最大の特徴である。1999年版においては、英語は「オーラル・コミュニケーションⅠ／Ⅱ」「英語Ⅰ／Ⅱ」「リーディング」「ライティング」という科目編成であったが、2009年版では以下の科目群に再編された。

「コミュニケーション英語基礎」　　　（2単位）
「コミュニケーション英語Ⅰ」　　　　（3単位）（共通必履修科目）
「コミュニケーション英語Ⅱ」　　　　（4単位）
「コミュニケーション英語Ⅲ」　　　　（4単位）
「英語表現Ⅰ」　　　　　　　　　　　（2単位）
「英語表現Ⅱ」　　　　　　　　　　　（4単位）
「英語会話」　　　　　　　　　　　　（2単位）

「コミュニケーション英語基礎／Ⅰ／Ⅱ／Ⅲ」は、4技能の統合的・総合的育成を図る科目群、「英語表現Ⅰ／Ⅱ」は話す・書く技能を中心に論理的に表現する能力の向上を図る科目群、そして「英語会話」は会話する

能力を養う科目である。

(3) 語数等の増加

指導する語数は、1300語から1800語に増加した。1999年版学習指導要領では、中学校の900語と合わせると2200語であったが、2009年版では、中学校の1200語と合わせると3000語になる。

(4) 文法

2009年版学習指導要領では、文法の扱いについて、「文法については、コミュニケーションを支えるものであることを踏まえ、言語活動と効果的に関連付けて指導すること」ならびに「コミュニケーションを行うために必要となる語句や文構造、文法事項などの取扱いについては、用語や用法の区別などの指導が中心とならないよう配慮し、実際に活用できるよう指導すること」が記されている。文法解説偏重の指導を是正する意図がうかがえる記述である。

(5) 指導法

指導法全般については、「英語に関する各科目については、その特質にかんがみ、生徒が英語に触れる機会を充実するとともに、授業を実際のコミュニケーションの場面とするため、授業は英語で行うことを基本とする。その際、生徒の理解の程度に応じた英語を用いるよう十分配慮するものとする」という記述がある。高等学校の英語授業が訳読偏重にならないようにする強い意向がうかがえる。

第2節　検定教科書

1．外国語教育の主だったシラバス

「シラバス」(syllabus)とは、狭義には、一つ一つの授業の目標、内容、スケジュール、評価の観点や方法などを記載した授業計画を指すが、広義には教育において指導項目を配列したものを指す。本節では広義のシラバスを扱う。外国語教育のシラバスとしては、大枠として次の3つのタイプが認められる。

①言語の形式・構造を基にしたシラバス
②実生活における言語使用を基にしたシラバス
③扱われる題材を基にしたシラバス

①は、主として文法事項を基に指導項目を選定・配列するシラバスであり、「文法シラバス」(grammatical syllabus)または「構造シラバス」(structural syllabus)と呼ばれる。文法シラバスでは、単元ごとに「現在進行形」「過去形」「to不定詞」「受動態」などの文法事項が提示され、個々の単元では主として文法事項にフォーカスした指導が行われる。

②は、言語形式ではなく、言語使用を基準として構成されるシラバスであり、代表的なものが「場面シラバス」(situational syllabus)と「概念・機能シラバス」(notional-functional syllabus)である。場面シラバスにおいては、特定の場面ごとに典型的な表現を扱う。ここでいう「場面」とは、言語が使われる場所や施設（空港、駅、ホテル、レストラン、郵便局、銀行、病院など）、そして、それぞれの場所や施設で言語によるやり取りが行われる場面（ホテルでチェックインする、レストランで料理を注文する、銀行で両替をする、病院で症状を説明するなど）を表す。場面シラバスは、海外旅行用の英会話書などで使われることが多い。一方、概念・機能シラバスにおいては、言語で表される「概念」(notion)や社会的な「機能」(function)ごとに典型的な表現が扱われる。「概念」の例としては、時間、空間、数量、大き

さ、色、体、住居、衣類、食品、交通などが挙げられる。例えば時間表現を学ぶ単元では、"What time is it?" "It's five fifteen." "It's a quarter past five." などの表現を学び、空間表現を学ぶ単元では、"in the box" "on the desk" "under the table" などの表現を学ぶ。「機能」の例としては、提案、要求、許可、約束、賞賛、非難、不満、感謝、謝罪などが挙げられる。例えば感謝表現を学ぶ単元では、"Thank you." "I appreciate ...."I'm grate-ful for ...." などの表現を学び、謝罪表現を学ぶ単元では、"I'm sorry." "I apologize for ...." "I regret ...." などの表現を学ぶ。

③は、「目標言語」(target language) を使って得られる内容や情報をも基にしたシラバスであり、「内容シラバス」(content-based syllabus) または「題材シラバス」(topic-based syllabus) と呼ばれる。外国の文化や歴史、人間の生き方、戦争と平和、環境問題、科学技術、芸術、スポーツなど、あらゆる分野のあらゆるトピックが単元となりうる。目標言語の習得だけでなく、目標言語を通して得られる情報や知識に力点が置かれる点で、他のシラバスとは性格を異にする。社会科・理科などの教科科目の「内容」の学習を通して目標言語の習得を目指す「内容中心指導法」(Content- Based Instruction 第1章第3節 pp.34-35参照) や、「内容」の学習と「言語」の学習を統合させた「内容・言語統合学習」(Content and Language Integrated Learning 第1章第3節 p.35参照) におけるシラバスも、広義の内容シラバスに含まれると言ってよい。

2. 日本の検定教科書におけるシラバス

日本の中学校における「外国語（英語）」、そして高等学校における「コミュニケーション英語Ⅰ／Ⅱ／Ⅲ」は、4技能全てを扱う総合英語科目である。これらの科目の教科書に見られる典型的なシラバス構成は、
　①文法シラバスと内容シラバスを組み合わせて単元を構成する
　②技能別の活動、場面に応じた表現、概念・機能に応じた表現を適宜配置する

というものである。各単元の基軸は、中学校の教科書では文法であり、高等学校の「コミュニケーション英語Ⅰ／Ⅱ／Ⅲ」では題材である。こうした構成は、イギリスなどのESLコースブックが、概念・機能シラバスを基軸として、それに、文法・語彙・音韻などを組み合わせた構成をとることが多いのとは際立った違いを見せている。特に特徴的なのは、各課の「本文」として多様な題材が盛り込まれていることである。中学校の教科書は、高等学校の教科書に比べると文法の比重が高いが、それでも題材の選定は、文法の扱いや言語活動の工夫と並んで、あるいはそれら以上に、各教科書の個性となっている。特に社会性の高い題材には力が入っており、広島における原爆投下の被害を題材とした"A Mother's Lullaby"(*New Horizon English Course*〔東京書籍〕第3学年)、Martin Luther King, Jr. の演説と公民権運動を取り上げた "I Have a Dream" (*New Crown English Series*〔三省堂〕第3学年)、第二次大戦のナチス占領下のアムステルダムに隠れ住むユダヤ人少女の日記 "The Diary of Ann Frank" (*Total English*〔学校図書〕第3学年)などのように、各教科書の看板題材として定着しているものもある。

　もちろん、改訂を重ねるごとに教科書も変化してきており、特に2012年度版の中学校の教科書では、①言語活動の充実、②4技能の統合的な育成、③繰り返し学習への配慮、④小学校の外国語活動との円滑な接続などが図られている。また、題材も、軍国主義色が濃厚であった大戦下の教科書、アメリカ中産階級への憧憬に満ちた戦後の *Jack and Betty* シリーズ(開隆堂。発行年は1948～1969年、使用期間は1949～1971年度)を経て、現在では各教科書の中で、世界の文化、日本の文化、人権、環境など多岐にわたる題材が取り上げられるようになってきている。女性の役割を示す記述も変化してきた。しかしながら、文法と題材を組み合わせて本文を組み立てるという基本構成は戦後ずっと変わっていない。

　次項3.では、日本の英語教科書はなぜ文法シラバスなのかを考察し、続く4.では、検定教科書になぜ題材が必要なのか、そしてその位置づけはどうあるべきなのかを考察する。

3. 検定教科書はなぜ文法シラバスに基づいているのか

　中・高等学校の総合英語の検定教科書が文法シラバスに基づいた構成となっている理由を、(1)学習指導要領、(2)外国語入門期のシラバスのあり方、(3)「外国語としての英語」を指導する際のシラバスのあり方、という3つの観点から検討する。

(1) 学習指導要領

　検定教科書は学習指導要領に基づいて作られ、文部科学省による検定を経て刊行される。それでは、学習指導要領において「文法」はどのように扱われてきただろうか。中学校を中心に見てみよう。

　現在の学習指導要領の原形は、1947年の『学習指導要領一般編(試案)昭和二十二年度』に遡る。『昭和22年学習指導要領外国語編(試案)』も同時に刊行された。この時点では、扱うべき文法項目に関して言及はなく、次に刊行された1951年版においても文法項目の学年指定はない。1958年に学校教育法施行規則が改訂され、学習指導要領の法的位置づけが明確になると同時に、学習指導要領において文法項目を中心とする言語材料が各学年に配当されることとなった。文法事項の学年指定は、1969年版および1977年版にも引き継がれ、1989年版でようやく撤廃された。規制撤廃以後、中学校教科書は1990年、1993年、1997年、2002年、2006年、2012年、2016年の7回の改訂を経て現在に至っている。

　学習指導要領には、教科書や授業のシラバスデザインに関する記載はない。2008年版中学校学習指導要領では、外国語(英語)における指導内容は、①言語活動、②言語活動の取扱い、③言語材料、④言語材料の取扱い、の順に記載されており、①では言語の技能が、②では言語の使用場面と言語の働き(機能)が取り上げられている。2009年版高等学校学習指導要領では、外国語の「各科目」の指導内容は、①言語活動、②言語活動を効果的に行うための配慮事項、の順に記載されており、具体的な文法事項は全科目分まとめて、[言語の使用場面の例] [言語の働きの例]に続いて項目を

列挙しているにすぎない。すなわち、学習指導要領の記載においては、中学校・高等学校を通して、技能・活動・場面・機能が主で、言語材料は従という扱いになっている。したがって、現行の検定教科書が文法シラバスを踏襲している理由を、学習指導要領の記載に求めることはできない。

(2) 外国語入門期のシラバスデザインのあり方

それでは、検定教科書が現在でも文法シラバスに基づいて作られているのはなぜだろうか。中学校の教科書に関しては、英語学習の初期段階にある生徒たちを対象とした言語教育プログラムにおいては、文法シラバスが最良の選択肢であると教科書制作者が考えていると推察される。それでは、場面シラバスや概念・機能シラバスでは、なぜいけないのであろうか。

初学者が場面シラバスの枠組みで英語を学ぶとすれば、単語についても文法についても明確に理解することなく、与えられた表現をやみくもに覚えていくことになる。この方法には当然のことながら、いくつかの致命的な欠陥がある。第1に、構造上・意味上の単位が分からないままに表現を覚えようとしても、挨拶などの決まり文句を除いては、覚えるのが困難である。第2に、与えられた表現を丸覚えすることができたとしても、文法を知らなければ応用が利かない。こうしたアプローチが機能しうるのは、短期間の海外旅行くらいであろう。第3に、使うべき言語表現は、場所・施設や場面によって特定されるものではなく、どのような概念をどのような目的で伝えたいのかによって決まってくるものである。

それでは、概念・機能シラバスを用いることはできないのであろうか。それは不可能ではないが、初級レベルでは無理が生じやすいと言えよう。

第1に、初学者にとって必要不可欠な言語の「概念」や「機能」は、言語の「形式」と密接に結びついていることが多い。「複数」という概念を学ぶためには複数形という言語形式を学ばなければならず、同様に、「現在起こっている出来事を述べる」ためには現在進行形、「過去の出来事を述べる」ためには過去形、「現在すでに起こってしまっていることを述べる」ためには現在完了形という言語形式をそれぞれ学ばなければならない。

これらの概念を学ぶためのシラバスは、概念・機能シラバスであっても文法シラバスと本質的な違いはなくなってしまう。

　第2に、概念や機能というカテゴリーでは扱えない重要な文法項目がある。例えば、日本語を母語とする学習者にとって習得が困難な構造の一つである「名詞＋後置修飾語句」の構造を考えてみよう。"the man standing there" "a letter written in English" "the book that I bought" "the boy who broke the window" などの構造である。これらの構造は、特定の概念や機能を表すものではない。習得すべき対象は、あくまで言語構造そのものである。

　第3に、一つの言語機能を表す言語形式は数多く存在する。例えば「許可を求める」表現には、"Can I ＋ 動詞 … ?" "Please let me ＋ 動詞 …." "Is it all right to ＋ 動詞 … ?" "Am I allowed to ＋動詞 … ?" "Do you mind if I ＋ 動詞 … ?" "I wonder if I could ＋ 動詞 …." など、さまざまな表現形式を用いることができる。これらの表現を身につけるために、文法構造を理解せずに、一つ一つの表現を覚えていくのでは、応用の利かない丸暗記になってしまうし、それぞれの表現の文法構造を理解しようとするならば、文法シラバスを用いたほうが効率的であろう。

(3) 外国語として英語を指導する際のシラバスのあり方

　日本における英語は、(狭義の)「外国語としての英語」(English as a foreign language) であり、日常生活で英語を使う機会のない状態で英語を身につけなければならないという条件の下で学習される。授業と試験やそれらの準備を除けば、日常的に英語を使いながら身につけていくという機会に乏しい学習環境においては、学習の初期段階ではやはり文法シラバスの使い勝手が良いと言えるのではないだろうか。

　高等学校の場合には、文法シラバスからの脱却は難しくないし、現行の「コミュニケーション英語」の教科書も文法を前面に出してはいない。ただし、文法に代わってより重視されているのは概念・機能ではなく、題材である。

4．検定教科書ではなぜ題材が重視されているのか

次に、検定教科書で「題材」が重視されている理由を、(1) 学習指導要領、(2) 国際語・共通語としての英語を指導する際の異文化理解教育、(3) 学校教育における外国語教育の理念と目標、という3つの観点から考察する。

(1) 学習指導要領

中学校・高等学校の学習指導要領においては、教科「外国語」の「指導計画の作成と内容の取扱い」という項目の中で、扱う題材に関する留意事項が記載されている。1969年版および1977年版の中学校学習指導要領では、「題材は、その外国語を日常使用している人々をはじめ広く世界の人々の日常生活、風俗習慣、物語、地理、歴史などに関するもののうちから変化をもたせて選択するものとする」と記載されている。1989年版、1998年版、2008年版では、「世界の人々の」に相当する部分が「世界の人々及び日本人の」に拡張されており、さらに2008年版では、「伝統文化や自然科学」が新たに加わった。また、1989年版・1998年版・2008年版ともに、配慮すべき3つの項目が付記されている。2008年度版においては以下のように記載されている。

　ア　多様なものの見方や考え方を理解し、公正な判断力を養い豊かな心情を育てるのに役立つこと。
　イ　外国や我が国の生活や文化についての理解を深めるとともに、言語や文化に対する関心を高め、これらを尊重する態度を育てるのに役立つこと。
　ウ　広い視野から国際理解を深め、国際社会に生きる日本人としての自覚を高めるとともに、国際協調の精神を養うのに役立つこと。

高等学校学習指導要領においても中学校と同一の配慮事項が記載されているほか、第4項目として次の記載が加えられている。

　エ　人間、社会、自然などについての考えを深めるのに役立つこと。

学習指導要領における題材に関する記述が、英語検定教科書作成に及ぼ

している影響は大きい。指導要領に例示されているカテゴリーの題材を1つずつ取り上げるだけでも、相当なバリエーションになるはずである。

(2) 国際語・共通語としての英語を指導する際の異文化理解教育

　外国語教育における題材選択の重要な視点として「異文化理解」がある。外国語学習における異文化理解の重要性は、通常、目標言語圏事情学習の重要性として捉えることができる。ある国や地域の言語を学ぶ際に、言語だけでなくその国の文化を学ぶことが重要であることに異論はないだろう。それでは、英語学習において知るべき異文化とは、どの国や地域の文化であろうか。第一義的には、英米やオセアニアなどの英語圏の文化を挙げることができるであろう。しかし、英語を学ぶことの意義は、英語圏の人々のみならず、英語を母語としない多様な言語圏・文化圏の人々と意思疎通できる能力を身につけることにある。このように、国際語・共通語としての英語を学ぶ際の異文化理解には、大きく2つの方向性が考えられる。第1は、英語をいわば「無国籍」の言語と捉え、英語が背負っている英語圏の文化を捨象した部分を学べばよいという考え方である。第2は、英語をいわば「多国籍」の言語と捉え、多様な文化の存在の認知と、それらに対する受容ないしは寛容の精神を醸成すべきであるという考え方である。学習指導要領と検定教科書においては、基本的に第2の立場が採られており、その結果、日本の英語検定教科書は、日本を含めた世界各地の自然や文化についての記述の宝庫となっている。

　英語が世界共通語としての「事実上の標準」(de facto standard)となっている現在でも、特定の一言語を義務教育段階で実質的な必修科目として課すことには異論もあろう。そうした、言語選択における妥当性に関する疑義を、多文化主義に基づく題材選択が和らげられている面もあるだろう。

(3) 学校教育における外国語教育の理念と目標

　題材重視の考え方の背景には、もう一つ、英語検定教科書が学校教育という枠組みの中で使われているという事情があると思われる。学校教育に

おける全ての教科は、教育基本法の目的を達成するために行われている。教育基本法第1条には、「教育は、人格の完成を目指し、平和で民主的な国家及び社会の形成者として必要な資質を備えた心身ともに健康な国民の育成を期して行われなければならない」とある。英語教育もこの目標達成のための手段の一つであると捉えることができ、英語の技能を習得することだけでなく、英語学習を「通して」国際理解を深めたり、人格形成を促したりことが期待されていると言える。

5．検定教科書の課題と今後の展望

　本稿では現在の検定教科書の課題を、(1) 文法と題材の組み合わせ、(2) 高等学校英語教育の改革、(3) 教科書の広域採択制、という3つの観点から考察する。

(1) 文法と題材の組み合わせ

　文法シラバスと内容シラバスの組み合わせを基調とする教科書構成は、構造上大きな問題を抱えている。

　第1に、教科書の各課のメインパートとなるのは「本文」であるが、その学習法や指導法が不明確になりがちである。指導者用のマニュアルには指導例が掲載されているが、教科書本体上の記載においては、活動が明示されているのは本文の「前後」であり、本文そのものをどう扱うかは、個々の教師に任されている。アイディアが豊富な教師にとっては、オーラル・イントロダクション（oral introduction　第11章第2節 2. p.190参照）、英問英答、再生活動（reproduction/retelling　第11章第2節 5. p.199参照）など、創意工夫と腕の見せ所となるが、そうでない教師にとっては、訳読を中心とした単調な活動に陥りがちである。

　第2に、本文の中に特定の文法事項を埋め込もうとすることで無理が生じがちである。本文は、文法事項を埋め込むことによって不自然になるおそれがあり、文法事項は、本文に埋め込まれることによって難解な例文で

提示されるおそれがある。もともと、特定の文法事項と特定の題材の間に必然的な関係は存在しないが、教科書作成の段階では両者を組み合わせていかなければならない。本文を執筆する際には、相当な無理をして、ときにアクロバティックに文法事項を本文中に埋め込む作業を強いられるのが実情である。

　第3に、教科書制作者が苦労して文法と題材を組み合わせて本文を作り上げても、その本文を、教室では教師が苦労して文法と題材に分割して扱うことも少なくない。何のために文法と題材を組み合わせているのか、その意義を再検討する必要がある。

　現在の教科書の構造上の問題点を解消するには、各課を一連のタスクで構成し、タスクを順番にこなしていくような言語活動集にするという方法がある。モデル・ダイアログなどは必要に応じて掲載するとしても、教科書の本文に文法事項を無理に盛り込まずに、読み物として別立てにするのである。それによって、「本文」を「文法」から解放し、「文法」を「本文」から解放することができる。この方式のメリットとしては、学習・指導の手順が明確になる、文法事項の提示にも本文の提示にも無理がなくなる、ということが挙げられる。デメリットとしては、少なくとも教科書記載のタスクを順番にこなしていくという方法を採る限り、個々の教員の工夫の余地が少なくなることが挙げられる。

（2）高等学校の英語教育の改革

　高等学校における英語の授業が、英文を読んで訳すだけの訳読式授業や、文法規則の解説をしたり文法の練習問題を解いたりするだけの明示的文法指導に偏っていることは長いこと指摘されてきたが、改善の歩みは遅い。文部科学省はこうした状況の改善に取り組んできており、2009年版学習指導要領においては、本章第1節で述べたように英語科目の大幅な再編や指導法の改革が試みられている。それでは、2009年版新指導要領に基づいて作成された高等学校の英語教科書は従前とどう変わったであろうか。高等学校の英語教科書は、中学校のものとは異なり、同一出版社が習熟度に応

じた複数の教科書を発行しているケースが多く、種類が豊富であるが、広く採択されているものほど、旧来の構成を踏襲している傾向が強い。リーディングの教科書と見まごうような「コミュニケーション英語」の教科書や、文法のワークブックと見まごうような「英語表現」の教科書の採択率が高い。指導要領の理念が生かされているとは思えない教科書が検定に合格し、それが数多く採択されている実情は、高等学校の英語教育改革の難しさを如実に物語っている。

(3) 広域採択制

最後に、教科書の広域採択制の問題について触れておく。現在、小・中学校で使用する教科書は各学校で独自に決めることはできず、都道府県の教育委員会が定めた教科用図書採択地区単位で選定される。いわゆる教科書の「広域採択制」である。この制度は、1963年に公布された「義務教育諸学校の教科用図書の無償措置に関する法律」(教科書無償法)の一環として導入された。広域採択制の是非の問題は、英語検定教科書に限らず、義務教育で使用される全ての検定教科書に共通するものであり、本論で詳細に論じることはできないが、義務教育における教材選択の根本に関する理念的な問題として、中央集権型のナショナル・カリキュラムを日本国中あまねく推し進めていくべきなのか、地域や学校の裁量を高めていくべきなのかという対立軸がある。

居住地域にかかわらず、全ての日本国民に共通の教育を受けることを、使用教材の面で「保証」あるいは「強制」することを目指すならば、究極の検定教科書は1種類の国定教科書になる。逆に、個々の教員の裁量を最大限認めるとしたら、個々の教師が良いと思う教科書を選べばよいということになろう。そして、両者の中間にはさまざまな方法がある。自由度の高いほうから順に、「検定教科書の選択は個々の学校に任せる」「市区町村単位で検定教科書を選定する」「都道府県単位で検定教科書を選定する」などの方法が挙げられる。それぞれに長所・短所があるが、国民的合意に基づく制度設計が必要であろう。

おわりに

　日本における英語教育は、大きく改革されようとしている。2020年度からは、小学校の3・4年生に外国語活動（英語活動）が年間35時間（週1時間）、そして5・6年生に正式な教科としての外国語（英語）の授業が年間70時間（週2時間）程度実施される見込みである。それに連動して、2021年度から中学校において一斉に、そして2022年度から高等学校において年次進行で新学習指導要領に基づく授業が行われることになっている。大学での英語教員の「養成」や現職の英語教員の「研修」も強化されていく見込みである。指導要領や教科書の改訂の動向などを常に注視して、英語教育改革の動きをしっかりと理解して対応することが求められる。

引用・参考文献

磯辺ゆかり・江利川春雄「『墨ぬり』英語教科書の実証的研究」『和歌山大学教育学部紀要（人文科学）』第56号、2006年、pp. 83-89

江利川春雄「墨塗り英語教科書と戦後の教材・題材史」『英語教育』2006年12月号、pp.10-13

高橋美由紀「いちばん変わったのは女性の役割と地位──中学教科書が映すジェンダー政策の変遷」『英語教育』2006年12月号、pp. 19-21

村上郷子「国際理解教育をめぐる英語教育の変遷── 学習指導要領および教科書を手がかりに」『埼玉学園大学紀要（人間学部篇）』第7号、2007年、pp. 205-220

室井美稚子「教科書が描いてきた『世界』は…── 人権・地球環境・平和ってどれくらい定番？」『英語教育』2006年12月号、pp. 25-27

若林俊輔「戦後30年の中学校英語教科書」中村敬・大友賢二・松居司共編著『戦後の英語教育』（英語教育指導ライブラリー1）三省堂、1984年

第3章

小学校における英語教育

はじめに

　本章では、主に『小学校学習指導要領解説外国語活動編』(文部科学省 2008年。以下「解説」)を基に、現在行われている外国語活動について解説し、小学校における英語教育について考えるきっかけとしたい。また、2013年12月13日に出された「グローバル化に対応した英語教育改革実施計画」にも触れ、現在大学で教職課程を履修している学生が、中堅教員と呼ばれ始める頃までの未来図についても言及する。
　中・高等学校の英語教師を目指す人も、小学校の状況を知っておくことが求められる。なぜなら、地域によっては小学校に配属されることがあるうえ、中・高等学校で教鞭を取る際にも、指導する生徒たちが小学校でどのような指導を受けてきたのかを知っていなければならないからである。

第1節　「外国語活動」導入の経緯

1．1900年代：研究開発学校の動き

　小学校における英語教育は明治時代にも行われており、また私立小学校の中には100年以上の英語教育の歴史を持つ学校もあるが、ここでは公立学校における「外国語活動」の導入について述べる。

　1986年に臨時教育審議会が「教育改革に関する第二次答申」の中で「英語教育の開始時期についても検討する」と発表したのを受け、1992年に「国際理解・英語学習」指導のあり方についての研究開発学校として、大阪市立真田山小学校、大阪市立味原小学校、大阪市立高津中学校の3校が指定された。その数は1993年には4校、1994年には12校、1996年には各都道府県に1校ずつにまで増えた。1996年には中央教育審議会の答申において、小学校の外国語教育について「教科として一律に実施する方法は採らないが、国際理解教育の一環として、…（中略）…外国語、例えば英会話等に触れる機会や、外国の生活・文化などに慣れ親しむ機会を持たせることができるようにすることが適当である」との見解が示された。1998年に学習指導要領が告示され、「総合的な学習の時間」の枠組みの中で国際理解教育の一環として外国語を扱うことが可能になり、2000年、2001年の移行期間を経て、2002年から完全実施された。

2．2000年代：「総合的な学習の時間」を中心に

　外国語活動について考えるとき、「総合的な学習の時間」の導入はたいへん大きな意味を持っている。そもそも「総合的な学習の時間」は、現場にとっては全く新しい職責を与えられるものであった。それまでは、決められた内容を上手に教えるように工夫するのが教師の仕事であったが、「総合的な学習の時間」においては、何を指導するのかという指導内容につい

ても考えなければならなくなった。文部科学省は、各地域や学校が「総合的な学習の時間」の主旨を理解し、それぞれの学校で独自生を持ってこの授業を組み立てられるよう、内容についてあまり細かい規定はせず、1998年版学習指導要領において、その学習活動の例として「例えば国際理解、情報、環境、福祉・健康など」(p.3) という表現を用いて、いわゆる4本の柱を提示するにとどめた。その中で国際理解を扱うことについては、以下のように述べられている。

「国際理解に関する学習の一環としての外国語会話等を行うときは、学校の実態等に応じ、児童が外国語に触れたり、外国の生活や文化などに慣れ親しんだりするなど小学校段階にふさわしい体験的な学習が行われるようにすること」(p.3)。

この文言をよりどころに、戦後初めて日本の公立小学校の教室に外国語が入ってくる扉が開かれたのである。それ以前は、小学生が英語を学ぶことは、多くの場合学校外の時間帯に行われ、経済的負担を伴うことであった。「総合的な学習の時間」の導入によって、公教育の中で小学生が「2つめの言語」に触れる道が開かれたのである。2001年には文部科学省から『小学校英語活動実践の手引』が出され、小学校現場に指針となった。全ての小学校が英語活動を行わなければならないわけではなかったにもかかわらず、調査を行うたびに英語活動を行っている学校の割合が増え、2005年の調査では93.6％、2006年には95.8％、2007年には97.1％の学校が英語活動を行っていると回答している。注意しなければならないのは、この数字には年に1回「外国語指導助手」(Assistant Language Teacher: ALT) が訪問するだけの学校から、週に複数回英語活動を行っている学校まで含まれていることであり、その実態は決して足並みがそろっていたわけではない。

現場の動きと並行して、この国の外国語教育の「次の一手」を探る動きも活発であった。文部科学省は2002年には「『英語が使える日本人』育成のための戦略構想」、2003年には「『英語が使える日本人』育成のための行動計画」を発表し、2007年には「小学校における英語活動等国際理解活動推進プラン」に伴って、全国で550校を拠点校として5・6年生に年間35単

位時間の英語活動の実施を決めた。

　前述の英語活動実態調査の結果やグローバル化への対応の必要性から「外国語活動」必修化へと舵が切られ、2008年に告示された現行の学習指導要領で「外国語活動」が新設されたのである。次節で、学習指導要領および「解説」に沿ってその内容を概観することとする。

第2節　「外国語活動」の現状

1. 「外国語活動」新設の趣旨

　「解説」には、グローバル化への対応、小学校への導入によるコミュニケーション能力育成の効果、機会均等の3点が挙げられ、国際協力・国際競争の両面から外国語教育の充実の必要性が説かれている。また、初学段階における挨拶や自己紹介などの活動が小学校段階になじむ活動であり、中学校から4技能を一気に経験するより小学校段階で音声に関わる2技能を先行して経験することが、中・高等学校でのより高いコミュニケーション能力の育成に寄与すると考えられている。さらに、「総合的な活動の時間」における英語活動の取り組みのばらつきを是正することで、教育の機会均等や中学校との円滑な接続が期待されている。

2. 教育課程上の位置づけ

「解説」(p.5) には次のように記されている。
- 外国語活動として、第5学年及び第6学年において、それぞれ年間35単位時間の授業時間を確保した。
- 英語を取り扱うことを原則とした。

これらの文言に含まれている3つの重要な視点について、以下の項で考察する。

(1)「領域」としての位置づけ

　中・高等学校の外国語科が「教科」であるのに対して、小学校の「外国語活動」は教科でも特別活動でもない、いわゆる「領域」として位置づけられている。戦後、道徳だけが「領域」であったが、1998年版学習指導要領から「総合的な学習の時間」が、そして2008年版学習指導要領から「外国語活動」が加わった。この国の公教育が、より柔軟に複雑な役割を果たさざるを得ない姿がいま見える。

　「外国語活動」が教科ではないということは、教科用図書（検定教科書）が存在しないことを意味する。また「解説」に「目標や内容を踏まえれば…（中略）…教科のような数値による評価にはなじまないものと考えられる」とあるように、数値ではなく記述による評価を行うことになっている。指導要録は、目標に挙げられている3つの観点についてコメントを書き込む様式になっているが、評価方法などは確立されておらず、各校・各教員の工夫に任されているのが実情である。

(2) 5・6年生への設定

　「外国語活動」の実施学年が5・6年生に限定されていることは、教師の意識にも影響を与えており、5・6年生の担任だけが関わる特別な問題と捉えられ、その他の教師にとっては他人事になってしまう弊害が出ている。1～4年生の担任もいつか高学年担当になることもあり、そのときになって慌てたり戸惑ったりしないように準備しておく必要があるが、現場は多忙を極めており実現は容易ではない。

　5・6年生に「外国語活動」が導入されたことが具体的に何を意味するか整理しておこう。「外国語活動」が必修であるということは、日本の小学校に通う全ての5・6年生がこの授業を受けるということである。特別に支援を必要とする児童も外国籍の児童も全てである。前述したように、以前は自分の子どもを英語と触れさせようと望めば、それは有償であり、少なくとも保護者には意欲があって、金銭的負担を請け負える余裕があっ

た。そうした家庭の子どもが通う英語教室などは概して少人数の学習者を対象にしており、40人もの子どもが一度に授業を受けることはまれである。小学生を対象にした少人数の英語教室において有効に機能している指導法や指導技術を、そっくりそのまま公教育に持ち込んでも同等に機能する保証はなく、公教育で機能する指導法や指導技術の開発が待たれる。

　「外国語活動」が導入され、あたかも小学校から英語教育が始まっている印象を持っている人もいるかもしれないが、年間35回というのは週4回授業がある中学校でいうと8週間ほどで終わってしまう。回数の少なさばかりでなく、頻度のまばらさも考慮に入れなければならない。祝日や行事で1回授業が抜けると、「外国語活動」は2週間ぶりということになる。少ない時間でも毎日英語に触れるほうが有効と捉え、45分授業を15分×3回に分割して行うなどの「モジュール」型の授業を展開している実例もある。

　「外国語活動」は5・6年生で学ぶが、1年生から4年生でも、週1回の頻度はなくともなんらかの形で英語と触れる機会を設けている学校もある。「外国語活動」導入前の「総合的な学習の時間」の中で、高学年よりも中学年のほうが食いつきがよく授業がやりやすいという手応えを持っていた教師も多く、5年生でいきなり外国語活動を始めるより、その前の段階で回数は少なくとも英語に触れさせたいという判断が働いている。2008年版学習指導要領では、「総合的な学習の時間」の中で国際理解を行う際には探求的な態度を重視しており、1998年版指導要領の下で行われていた「総合的な学習の時間」のような内容で授業を行うことがままならず、余剰時間や学校裁量の時間を使っていることもある。

（3）児童の学習負担を考慮した英語

　「外国語活動」で扱う言語は原則として英語と明記されている。その内容は具体的にはどのようなものだろうか。

　例えば、後述する文部科学省から配布されている教材「*Hi, friends! 1*」、Lesson 3「How many?」の指導編（文部科学省 2012）には、かごの中のり

んごいくつかに色を塗り、互いにりんごの数を尋ね合って同じ数のりんごを持っている友達を探す活動について、次のように書かれている。「厳密に言うと、"How many apples do you have in your basket?"と尋ね、"I have ～（apples）."と答えるべき場面ではあるが、児童の負担を考慮し、"How many apples?"で尋ね、"～ apples."と答える表現に留めるのが望ましい。児童が自信をもってコミュニケーションを図ることができる活動にすることが大切である」(p.13)。そして、かごの中のりんごの数を聞き合う活動の音源のスクリプトは以下のとおりである。

  さくら： Hello, how many apples?
  たく： Hi. Five apples.
       How many apples?
  さくら： Five apples.
  さくら＆たく：Good! (p.13)

このように、コミュニケーションへの意欲を第一義とし、児童を負担から守る英語でよいことになっている。こうした英語に接していた子どもたちを受け入れる中学校側の配慮と工夫が必要と思われる。近来、世界の人々がさまざまな変種の英語"World Englishes"を用いることを肯定的に捉える考え方も広まり、目標とすべき英語、規範とすべき英語はどのようなものなのか、国の言語教育政策にも一石を投じる結果となっている。

3．目　標

外国語活動の目標は以下のとおりである。

 「外国語を通じて、言語や文化について体験的に理解を深め、積極的にコミュニケーションを図ろうとする態度の育成を図り、外国語の音声や基本的な表現に慣れ親しませながら、コミュニケーション能力の素地を養う」（「小学校学習指導要領」p.7）。

学年ごとの目標ではなく、2年間を通した目標となっているのは、より弾力のある指導を可能にするためである。

中学校外国語科の目標とよく似た文面であるが、中学校外国語科の目標が「言語や文化への理解」+「コミュニケーションに係る態度」+「4技能によるコミュニケーション能力の基礎」を養う3本立てになっているのに対し、小学校外国語活動は「（言語や文化への理解）+（コミュニケーションに係る態度）+（音声や表現への慣れ親しみ）＝コミュニケーション能力の素地」を養う、いわば三位一体型の目標である点が大きく異なる。その一方で、「領域」と「教科」の違いを超えて、小・中・高等学校の外国語教育を貫く芯の役割を「コミュニケーション能力」が果たしていると考えることができる。

4．内容の要点

　外国語活動の内容について「解説」には次のように記されている。
- ・外国語を用いて積極的にコミュニケーションを図るための内容と、日本と外国の言語や文化について、体験的に理解を深めるための内容との二つとした。
- ・目標にある「外国語の音声や基本的な表現に慣れ親しませ」ることは、日本と外国の言語や文化について、体験的に理解を深めさせる内容の中に含めた。(p.6)

　目標は三位一体だが、内容は2つに絞られる。「外国語の音声や基本的な表現に親しませる」活動だけを独立して扱うことはない、ということであり、英語学習偏重に陥らないよう釘を刺している。さらに、学習指導要領に明示されている「音声中心のコミュニケーション活動・文字は補助」の考えを受けて、「解説」では文字の扱いについて児童の負担にならないよう、発音とつづりの関係にまで踏み込まないよう記されている。このように強調しているのは、慣れ親しんだ「英語といえばまずはABCから」という指導に帰巣したり、音声に十分慣れ親しむ前に文字とつづりの関係にまで踏み込む指導が横行したりすることを防ぐ意図があると考えられる。

5. 「外国語活動」における「指導計画の作成と内容の取扱い」の要点

「解説」には次の4項目について記されている（p.6。ただし、通し番号は筆者による）。ここでは各項目について概観する。

(1) 学年ごとの目標については、各学校において児童や地域の実態に応じて、適切に定めることとした。
(2) 言語や文化については体験的な理解を図ることとし、指導内容が必要以上に細部にわたったり、形式的になったりしないようにすることとした。
(3) 指導計画の作成や授業の実施に当たっては、学級担任の教師又は外国語活動を担当する教師が行うこととした。
(4) 道徳の時間などとの関連を考慮しながら指導することとした。

(1) について

前述したように、「外国語活動」の目標は2年間を通したものであり、学年ごとの目標は柔軟に定めることができる。こうした自由度は、「外国語活動」について研究したり熱心に取り組んだりしている地域や学校にとっては恩恵であるが、経験値の少ない地域や学校にとっては容易な課題ではなく、児童にとって最良の目標を設定するためには、地域や学校自体が力をつける必要がある。

(2) について

英語を使っていきいきとコミュニケーションを体験することが重視されている。重箱の隅をつつくような説明や、内実を伴わない反復練習に陥らないような授業をしなければならない。「解説」ではさらに、機械的に語句や文を暗記させることや簡単な定形対話文を過度に暗記させ演じさせることが外国語活動の目標にかなっていないことが、再三強調されている。

学習指導要領の理念が実現されればよいのだが、後述する *Hi, friends!* のどのレッスンも、最後にはインタビューゲームや "Show and Tell" など、

英語を話さなければならない課題が設定されており、子どもに英語を話させるための方策として結果的に反復練習をさせたり、言い回しを覚えられたかどうかだけが問題となってしまったりすることがある。また、表現を覚えさせるために多用されるチャンツの音源自体、英語の音の流れから著しく逸脱している場合もあり、教材の作成と選定の責任は重大である。

(3) について

　学級担任の関わりが明記されていることの意味は大きい。総合的な学習の時間の中では、ALTなどの外部人材に授業を丸投げし、担任は他の教科のワークシートやノートの丸付けをしている姿も見られた。これは、一概に担任を責めるわけにはいかない事象とも捉えられる。英語の教員免許もなく、英語にも自信がなく研修も十分でなければ、教壇に立つほうが無責任であり、誰かほかの人が授業をしてくれるなら、そのほうが子どもたちのためにもよい、と考えることは不思議ではない。指導者について「解説」ではさらに、授業の実施に当たってのネイティブ・スピーカーや外国語に堪能な地域人材の協力を得ることについても言及している。

　実際には、学年の担任団で分担し、ある人は全クラスの家庭科の授業を行い、他の人が外国語活動を一手に引き受けるというケースもある。①担任一人での指導、②ALTや日本人英語教師（Japanese Teacher of English; JTE）とのティームティーチング（以下、TT）、③担任・ALT・JTEの3人体制による指導、などのパターンがあるが、いずれも主たる指導者は表向きには担任ということになっている。

　担任が一人で授業を行う時間数は、概してその地方自治体がどれだけの予算をALTやJTEの雇用に充てているかに左右される。ALTが35時間配置されるところもあれば、10時間にも満たないところもある。

　ある年齢以上の教師は教員養成段階で外国語の指導法について全く学習経験がない。それゆえ、担任が一人で授業ができるようにするには教員研修が必要となるが、地域や学校によって格差があるのが現状である。研修については文部科学省も資料やDVDを作成し、また「外国語活動」に係

る校内研修を奨励し現場をサポートしているが、5・6年生だけの問題と捉えられたり、週に1時間しかないものに多くの時間を割くことが現実的に困難であったりして、十分行われているとは言えない。担任の指導力に限ってみると、見切り発車の様相があると言えるかもしれない。

　TTに活路を見いだすのにも困難が伴う。ALTについてはその雇用形態によって配慮しなければならない要件があるからである。ALTの雇用形態には大きく分けると、①「JETプログラム」、②地方自治体による「直接雇用」、③「業務委託」、④「派遣」の4つがある。

　①の「JETプログラム」とは、1987年に始まった「語学指導等を行う外国青年招致事業」（The Japan Exchange and Teaching Programme）の略称で、「主に海外の青年を招致し、地方自治体、教育委員会及び全国の小・中学校や高等学校で、国際交流の業務と外国語教育に携わることにより、地域レベルでの草の根の国際化を推進することを目的として」、「地方自治体が総務省、外務省、文部科学省及び一般財団法人自治体国際化協会（CLAIR）の協力の下に実施」しているものである（JETプログラムのウェブサイトより http://jetprogramme.org/ja/）。

　②の「直接雇用」では、外国人講師との全ての雇用契約を地方自治体が直接行う。働き手と強い関係を結べる利点はあるが、実際には手続きの煩雑さや住居や健康など生活全般に配慮する必要があることなどから、全ての自治体で可能なことではない。

　③の「業務委託」は、地方自治体と会社が契約を結び、ALTは派遣業者の指示で決められた時間に決められた学校に行き、決められた授業を行う。この形態の場合、注文主（地方自治体や学校）と労働者（ALT）の間に指揮命令関係が生じてはならず、派遣業者が必ず中に立たなければならない。授業中「もうちょっと大きな声で言って」などのちょっとした指示を出すことも厳密には規制されている。結果として、45分の授業のうち何分かを担任が、何分かをALTが指導する分割型の授業にならざるを得ない。労働の話を教育にそのまま持ってくることが、児童にどのような恩恵や不利益を与えるかについての検証が待たれる。

④の「派遣」では労働者の権利を守る視点から、連続して3年以上雇用した場合には、いったん3か月以上の契約を結ばない時期を作るか正規に雇用しなければならない。多くの場合、慣れてきた頃いったん離職させなければならないという事態に陥る。

(4) について

道徳などとの関連は、後述する教材 *Hi, friends!* にも色濃く表れている。例えば *Hi, friends! 2*（文部科学省 2012）の Lesson 3 "I can swim." では、一輪車や楽器ができない小学生が友達とのやり取りを通して、「自分には人助けや地球環境保全ができる」と自己価値を高める場面があり、また Lesson 7 "We are good friends." では、桃太郎が物語の結末で鬼とも和解し "We are good friends." という言葉で終わるようにし、共生の大切さをうたっている。

6. 教　材

文部科学省が作成した *Hi, friends! 1*、*Hi, friends! 2*（文部科学省 2012）という教材が、希望する自治体・学校に無償で配布されている。「外国語活動」は教科ではないので、この教材も検定教科書ではない。教師用には『*Hi, friends!* 指導編』がある。またデジタル教材化されており、特に英語面での担任の負担軽減となっている。各授業の指導案や絵カードは、文部科学省のウェブサイトからダウンロードすることができ、現場を手厚くサポートしている。*Hi, friends!* の単元構成は、中学の英語の教科書とは大きく異なっている。例えば、小学校段階であるのに助動詞 would が出てくる。これは、「外国語活動」の目標が英語力そのものの習得にはないことと深く関連している。

おわりに

　小学校5・6年生で「外国語活動」の授業が行われるのは、2020年3月までである。2013年12月に文部科学省から「グローバル化に対応した英語教育改革実施計画」(序章第1節pp.15-17参照)が発表され、2020年度から小学校3・4年生で年間35時間程度の「活動型」の英語、5・6年生で週3コマ程度の「教科型」の英語教育が提言されたからである。その後の検討を経て、5・6年生は年間70時間程度の授業設定となる見込みである。2018年から2年間の移行期間を設けることを考えると、ここ数年間大きな動きがあり続けるだろう。各自アンテナを張って、この未曾有のうねりを見届けてほしい。

　小学校の英語教育について考えることは、英語教育の本質について考えることである。学習者と言葉をどう出会わせるか、考えるべきことは尽きない。中・高等学校の英語教師志望者も、必ず何か発見があるので、実際の小学校の教室に足を運ぶ機会を作ることが求められる。

引用・参考文献

　久埜百合・粕谷恭子・岩橋加代子『子どもと共に歩む英語教育』ぼーぐなん、
　　2008年
　バトラー後藤裕子『日本の小学校英語を考える――アジアの視点からの検証
　　と提言』三省堂、2005年
　松川禮子『明日の小学校英語教育を拓く』アプリコット、2004年

第 2 部

英語教育における授業と評価

第4章 中学校の授業モデル

はじめに

　中学校英語科(「外国語科」)の授業は、1989年3月に告示された学習指導要領によって大きく変わった。それまで「聞くこと、話すこと」として1つにまとめられていた音声言語が「聞くこと」「話すこと」に分離・独立され、「読むこと」および「話すこと」とともに4領域を構成することになった。また、改訂の重点として「コミュニケーション能力を一層育成する」「積極的にコミュニケーションを図ろうとする態度を育成する」という指針が示された(その基本方針は現在も変わっていない)。

　全国の自治体がこれにすぐに反応し、地域の中核となっている英語教師を中心として、新しい英語科の授業の創造が進められた。授業では「聞くこと」「話すこと」を中心とした活動の比重が高まり、「コミュニケーション活動」なるものが次々に開発され、各地の研修会等で実践例の紹介が盛んに行われて、それらが全国に広まっていった。当時活躍した中堅・若手教員がベテラン・中堅教員となった今、全国の中学校現場の授業で標準的

なものと認識されている授業スタイルは、その頃に確立されて現在まで受け継がれてきたものであると言ってもよいであろう。

本章では、第二言語習得論に基づいた英語指導法として長年培われてきた指導法を踏まえつつ、この四半世紀の間に広まってきた授業の組み立て方や活動の設定方法およびそれらの運営上の留意点等を紹介していく。さらに、現在教育界で話題になっている「グローバル教育」に対応できる指導のあり方についても議論に加えていく。

なお、本章では中学校の授業を念頭に置いて、第1節で「授業作りの基本」を議論した後に、第2節で「授業作りの実際」として、「言語材料の導入と展開」「教科書題材の導入と展開」「コミュニケーション活動の設定と運営」の3つの切り口から実際の指導案例を示すことにする。

第1節　授業作りの基本

1. 授業作りの前提

(1) 実質的な活動時間の確保

「はじめに」で、現在の中学校英語科の授業は、コミュニケーション能力の育成を目指してコミュニケーション活動が多く取り入れられていることを述べた。しかし、多くの中学校教師がそこに大きな落とし穴があることに残念ながら気づいていない。それは、「コミュニケーション活動を行えば、コミュニケーション能力が高まり、積極的にコミュニケーションしようとする態度も育成できる」と思い込んでいることである。ここで言う「コミュニケーション活動」とは、授業中に教師がなんらかの新しい言語材料の導入や既習の言語材料の定着をねらって意図的に設定する活動を指す。もちろん、その活動自体を否定しているのではない。問題なのは、その活動が行われる実質的な時間である。

研修会や公開授業などで紹介される「コミュニケーション活動」を詳細に見てみると、多くの場合で生徒が実際に英語を使って活動しているのは1〜2分程度であり、長くても5分程度である。残りの時間の多くは、生徒が教師の指導を日本語（または英語）で聞いている時間に費やされている。これではどう考えても生徒のコミュニケーション能力は高まらない。仮にその場では楽しそうに活動していたとしても、その活動が終わってしまえば、生徒はその活動で使った表現を覚えていないということが起こり、結果として生徒の英語力が高まらないという現象を引き起こすのである。

(2) 授業全体での指導

　では、どうしたらいいのであろうか。それは、授業全体をコミュニケーション活動の場と捉えて授業を構成するのである。つまり、授業のあらゆる場面で教師も生徒も英語を使い、そのことが生徒のコミュニケーション能力を高める「教材」となるのだという考えで授業作りを考えることが大切である。

　2013年度から施行されている現行の高等学校学習指導要領では、英語科の「授業は英語で行うことを基本とする」とうたっているが、その趣旨は「生徒が英語に触れる機会を充実するとともに、授業を実際のコミュニケーションの場面とするため」であり、まさに本稿で議論していることと合致している。中学校でも次の学習指導要領（2021年度より施行予定）から同様のことがうたわれることがほぼ決まっていると言われているが、それを待つまでもなくこれを実行することが、生徒のコミュニケーション能力を高める授業作りの基本である。

　もちろん、ここで述べているのは、授業を100％英語で行うべきだということではない。日本語で指導したほうが効率の良いこと（例えば、文法の説明など）まで英語で指導をする必要はない。授業のあらゆる場面を言語活動の場と捉え、言語学習の場面ではできるだけ多く教師が英語を使い、生徒にも英語を使わせるように授業を構成することが肝要である。

2.「英語で授業」の実際

　「英語を使って授業をする」と言って真っ先に思い浮かぶ場面は、既習事項を使いながら新出文型を導入する指導であろうか。あるいは、本文の内容を平易な英語を使って導入する指導であろうか。これらはいずれも「オーラル・イントロダクション」(oral introduction) として紹介される指導法であり、それらは本章第2節で扱う。ここでは、より頻繁に毎回の授業で必要な、いわゆる「ティーチャー・トーク」(teacher talk) と呼ばれるものを取り上げる。ただし、紙幅の関係で授業のあらゆる場面で使われるティーチャー・トークを網羅的に扱うことはできないので、基本的な使い方のみを示す。

　授業中に次のよう指示が必要であった場合、どのような英語で指示をしたらよいであろうか？

① 「5問全問が正解だった人は手を挙げてください」
② 「今度は先生がKentaのせりふを読むから、皆はAyakaのせりふを読んでください。では、Ayakaの皆から始めてください。どうぞ」

　いずれも日本語の指示としてはごく普通の丁寧なものである。これを英語で言う場合、正しい英語に直訳しようとすると、「自分の英語に自信がない」という教師側の問題点や「生徒が『分からない』と言う」という生徒側の問題点に突き当たってしまう。そこで、次のように言うのである。

① "Five questions, all OK, raise your hand."
② "This time, I'm Kenta. You are Ayaka. You, go！"

　実に簡単な表現である。中学校1年生の最初から使えるもので、もちろん3年生になっても何の問題もなく使える。これに対して、「英語として自然でない表現を生徒に聞かせるのはよくない」という意見もあるかもしれない。しかし、それを言っていたら、いつになっても上記の2つの問題点は解決できない。上記のような英語の指示を使用した授業を受けていてもりっぱに正しい表現を身につけ、かつ間違いを恐れずに積極的に表現する生徒に育つことを、英語で授業をしている教師に育てられた生徒たちの

姿は示している。

　このように考えて授業を構成すれば、誰でも「英語で授業」が実践できる。もちろん、それは簡単にできることではない。要は、教師の仕事である「難しい内容を易しく教える」ということを、英語の授業において「難しい表現を生徒が知っている易しい表現に置き換えて話す」という方法で実践できるかどうかである。

第2節　授業作りの実際

1. 典型的な授業の流れ

　授業に「定型」や「正しい」ものなどはない。教師が10人いれば、10通りの授業スタイルがあって当然である。しかし、英語教師を目指す学生や経験の浅い教師にとって、何のモデルもなく「ゼロ」からスタートするというのは非現実的であろう。さらに言えば、良い教師になることを目指している人を簡単に挫折させかねない。そこで、ここでは「はじめに」でも触れた「標準的な授業スタイル」を、典型的な英語の授業の流れとして取り上げる。以下の授業の流れがそれである。

①挨拶（月日の確認、出席の確認等も含む）
②ウォームアップ（ゲーム、歌、チャット）
③前時の復習（文法事項、単語、教科書本文、小テスト）
④本時の導入（文法事項、単語、教科書本文）
⑤練習・活動（文法事項、本文音読）
⑥まとめ（文法事項、題材）

　なお、②と③は行わないことも多い。④〜⑥は、教材によって順番を入れ替えたり、中身を分割してさらに細かい指導過程を組む教師も多い。
　では、上記の①〜⑥はどのような意図（目的）があって指導過程に組み込まれているのであろうか。

①は、授業の「たん切り」、つまり生徒の声出しを兼ねて多くの教師が行っている。生徒の声の大きさや調子などで授業開始時の生徒の状態を知る絶好の手がかりという意味もある。

②は、勉強に対してあまり意欲的でない生徒に興味を持たせる目的と、英語が好きな生徒の意欲をさらに高める目的で行われることが多い。ゲーム的な活動や歌などがよく用いられる。また、チャットなどで既習事項の定着と生徒どうしの人間関係づくりを目指す取り組みもよく見られる。

③は、前時に学習した内容がどの程度身についているかを確認したり、本時の導入の前段階を設定したりするために行われる。文型練習、教科書本文音読、小テストなどが含まれる。

④は、新出文法事項、新出単語、教科書本文を生徒に理解させるための活動である。最初は文字を見せずに、絵や写真などを使った状況設定をして、口頭で導入するのが主流となっている。

⑤は、理解できた新出事項を、練習問題を通して定着させたり、活動を通して実際に使わせたりするために行う。教科書本文の音読練習は、内容理解を深めたり、英語をスムーズに言う練習の場としてとても大切である。

⑥は、その日の授業で教えたことをあらためて振り返る時間である。それまでに指導した内容の理解度を測るために、できるだけ生徒から学習した内容を引き出しながら（つまり帰納的に）まとめをしたい。

次項以下では、上記の④と⑤の部分に焦点を当て、その中から「言語材料の導入と展開」「教科書題材の導入と展開」「コミュニケーション活動の設定と運営」の3つを取り上げて、実際の指導例を示すことにする。英語で授業を進めることをイメージしやすいように、導入に関しては教師の発言や予想される生徒の反応までできるだけ詳細に記すが、展開については紙幅の関係で活動内容の説明にとどめることにする。

なお、以下の指導例において、Tは教師、Sは生徒を表す。また、Mim-memは、mimicry-memorizationの略で、教師のモデル音声をまね（mimicry）させることで記憶（memorization）の定着を促す反復練習のことである。

2. 言語材料の導入と展開

(1) 一般動詞の三人称単数現在の指導 ［1年生］

○導入例

　以下の英語のやり取りをしながら、一般動詞の三人称単数現在（三単現）の導入を行う。なお、下線を引いた語は、少しゆっくり印象的に言う。

T: Do you like natto?
S: Yes, I do. / No, I don't. →続いて数名と同様のやり取りを行う。
T: What is my question?
S: Do you like natto?
T: Repeat!
S: Do you like natto?
T: Listen. <u>Does</u> Hiroshi（生徒名）like natto? Yes, he <u>does</u>. <u>Does</u> Aya（生徒名）like natto? No, she <u>doesn't</u>.
T: Now, please answer my question. Does Hiroshi like natto?
S: Yes, he does. →続いてmim-memを行う。
T: Does Aya like natto?
S: No, she doesn't. →続いてmim-memを行う。
T: What is my question?
S: Does Aya like natto? →続いてmim-memを行う。
T: Answer!
S: No, she doesn't.
T: Right. She doesn't like natto.
T: Does she like natto?
S: No, she doesn't.
T: Long answer!
S: No, she doesn't. She doesn't like natto. →続いてmim-memを行う。
T: Does Hiroshi like natto?
S: Yes, he does.
T: Right. He like<u>s</u> natto.

```
T: Does he like natto?
S: Yes, he does.
T: Long answer!
S: Yes, he does. He likes natto.  →続いて mim-mem を行う。
```

　この指導案で工夫した点は、①既習表現(一人称・二人称)の復習を行い、最小限の変更で三単現の表現を導入していること、②それまでにやり取りを繰り返してきた状況を利用して、場面設定と求められている反応を理解させていること、の2点である。

○展開例(練習)

　展開例としては、①教科書等の絵を使いながら、質問と答えの文を作って言わせる、②教科書等の絵を使いながら、肯定平叙文で描写させる、という活動が考えられる。適切な視覚情報を与えて文を作りやすくすることが鍵である。

(2) 現在完了(継続)の指導 [3年生]

○導入例

　以下の英語のやり取りをしながら現在完了(継続)の導入を行う。

```
T: What are you doing now?
S: We are studying English now.
T: When did you start studying English?
S: Two years ago.
T: You started studying English two years ago and you still study it.
   In this case, you can say, "We have studied English for two years."
T: Where do you live?
S: I live in Tokyo.
T: Were you born in Tokyo?
S: Yes, I was.
T: You were born in Tokyo 14 years ago and you still live there.
   In this case, you can say, "I have lived in Tokyo for 14 years."
T: (全生徒を指して) You started studying English two years ago and you
```

```
        still study it.  In this case you can say,...?
S:   We have studied English for two years. →続いて mim-mem を行う。
T:   Hiroshi is 14 years old.  He was born in Tokyo and he still lives there.
     In this case, you can say,...?
S:   He has lived in Tokyo for 14 years. →続いて mim-mem を行う。
```

　この指導案で工夫した点は、①全員に共通する事柄から始めて、状況設定を理解しやすくしたこと、②時間軸を示して、現在完了が表す時間の観念を理解しやすくしたこと、③一人称の表現から三人称の表現も導き出せるようにしたこと、の3点である。

　〇展開例（練習）

　展開例としては、①練習問題等の絵を使って、他の状況を描写させる、②過去から現在まで自分が続けていることを生徒一人ひとりに言わせる、という活動が考えられる。ここでのポイントは、導入で使った状況設定に近いものを使って客観的に描写する練習を行い、最終的に自分のことについて言わせるようにしていることである。

3. 教科書題材の導入と展開

（1）自己紹介スピーチ（モノローグ）の指導［1年生］

　教科書の題材として、以下のような自己紹介スピーチがあったとしよう（以下は架空の英文である）。この本文を用いた導入例と展開例を示す。

> Hello, everyone. I'm Nancy. I'm from New York. I like sushi very much, but I don't like natto. My favorite subject is science. I like soccer and I play it every day.

　〇導入例

　教師がマイクを持って、一人二役でインタビューしている場面を演じる導入が考えられる。

```
T1: Hello. What's your name, please?
T2: I'm Nancy.
T1: Where are you from?
T2: I'm from New York.
T1: Do you like Japanese food?
T2: Yes, I do. I like sushi very much.
T1: Do you like natto, too?
T2: No, I don't. I don't like natto.
T1: What's your favorite subject?
T2: My favorite subject is science.
T1: What sport do you like?
T2: I like soccer.
T1: Do you play soccer every day?
T2: Yes, I do. I play it every day.
```

その後、ナンシーの部分を生徒にマイクを向けて答えさせる活動につなげていくことができる。以下の例の生徒の発言において、（ ）内は言わなくてもよい部分である。

```
T: Who is this girl?
S: She is Nancy.
T: Right. You are Nancy. Please answer my questions. OK?
S: OK.
T: Where are you from?
S: I'm from New York.
T: Do you like Japanese food?
S: Yes, I do. (I like sushi very much.)
T: Do you like natto, too?
S: No, I don't. (I don't like natto.)
T: What's your favorite subject?
S: (My favorite subject is) science.
T: What sport do you like?
S: I like soccer.
```

```
T:  Do you play soccer every day?
S:  Yes, I do. (I play it every day.)
```

　この指導案で工夫した点は、①教科書の登場人物がインタビューに答えるという設定で、内容を理解しやすくしたこと、②生徒が教科書の登場人物になってインタビューに答えるという設定で、生徒が内容を理解しているかどうかを確認しやすくしたこと、の2点である。

　〇展開例（自己表現）

　展開例としては、①本文とほぼ同じ形式で自己紹介文を書かせる、②書いた自己紹介文を発表させる、という活動が考えられる。ここでのポイントは、教科書本文をモデル文とすることで、自己表現をしやすくすることである。

　（2）ある国の紹介文（対話文）の指導　［2年生］

　以下の教科書本文の導入例と展開例を示す。

```
Aya:    What did you find out, Alice?
Alice:  Well, for example, Australia is larger than Japan.
Aya:    Right.  Australia's a continent.
Alice:  My teacher said it's the smallest of the seven continents.
Aya:    Seven?  Don't you mean six?
Alice:  No, in Australia we count seven.
Aya:    That's interesting.  What about the seasons?
Alice:  In Japan, January is the coldest month, but it's the hottest here.
```
出典：*One World Book 2*〔2012年版〕教育出版 Lesson 7 Part 1（一部省略）

　〇導入例

　主な内容を、生徒と対話しながら導入していく方法が考えられる。

```
T:  Look at this world map here.  What's this country?
S:  Australia.
T:  Yes.  Which is larger, Japan or Australia?
S:  Australia.
```

> T: That's right. Australia is larger than Japan. →続いて mim-mem を行う。
> T: Is Australia an island? No, it isn't. Madagascar is an island, but Australia isn't. Australia is a lot larger, so we call it a continent. How many continents are there in the world? One, two, three, … seven. But some people say there are six continents. Why?
> S: Euro-Asia.
> T: Yes. Australia is the smallest of the seven continents. →続いて mim-mem を行う。
> T: What about the seasons? January is in winter in Japan. In what season is January in Australia?
> S: Summer.
> T: Yes. January is the coldest month in Japan, but it's the hottest month in Australia. →続いて mim-mem を行う。

　この指導案で工夫した点は、①地理の知識を英語でやり取りしているうちに本文の主な内容を導入するようにしたこと、②内容を導入しながら新出文法事項（比較級、最上級）の練習もするようにしたこと、の2点である。

○展開例（クイズ）

　展開例としては、オーストラリアに関するいろいろな情報（人口、面積、言語、動物等）を英語で会話しながらまとめるという活動がある。ポイントは、生徒の知識や関心事を上手に取り上げて、発言が出やすくすることである。

4．コミュニケーション活動の設定と運営

　コミュニケーション活動として、新出文法事項の定着をねらった活動例と、既習事項の定着をねらった活動例を示す。

（1）新出文法事項の定着をねらった活動例

　一般動詞の三人称単数現在という新出文法事項の定着をねらった「聞くこと」「話すこと」「書くこと」の活動例としてインタビューとレポーティ

ングを示す。

インタビュー

ペアになって好きな食べ物、教科、スポーツなどを尋ね合い、答えをメモする。

(会話例)　Hiroshi:　What food do you like?
　　　　　Aya:　　　I like sushi.

レポーティング

インタビュー活動で得た情報を基にパートナーの好きなものをまとめて書き、発表する。

(発表例)　Aya likes sushi. She likes music. She plays the piano.
　　　　　She likes soccer. She watches a soccer game on Saturday.

これらの活動を行う際の留意点として、活動をしやすくするためにワークシートを用意するとよい。ただし、活動に必要な英文はできるだけ載せないようにする。英文を載せすぎると、「話す」活動ではなく「読む」活動になってしまうためである。

(2) 既習文法事項の定着をねらった活動例

過去形という既習文法事項の定着をねらった「聞くこと」「話すこと」の活動例として、チャットとレポーティングを示す。トピックは「週末にしたこと」である。

チャット

ペアになって、「週末に何をしたか」を尋ね合い、聞き取った内容についてさらに質問し合う。

(活動例)　Hiroshi:　What did you do last weekend?
　　　　　Aya:　　　I played tennis.
　　　　　Hiroshi:　Who did you play with?
　　　　　Aya:　　　With my father.

```
Hiroshi:  I played a video game.
Aya:      What game did you play?
Hirosi:   I played "Star Voyager."
```

レポーティング

相手から聞き取った内容を発表する。

```
（活動例）  Aya played tennis last weekend.
           She played it with his father.
```

相手を変えて何度も同じ会話の練習をさせ、上達を促したい。

おわりに

　生徒の力を着実に高めるには、地に足の着いた地道な活動が必要である。見た目の楽しさや目新しさに飛びつくのではなく、各活動が何を目指して行われているのかをしっかりと見極め、中・長期的な視野に立って指導を続けることを心がけたいものである。

引用・参考文献

阿野幸一ほか「いい授業のために『教案』を書こう」『英語教育』2011年4月号、大修館書店

文部科学省『中学校学習指導要領解説　外国語編』開隆堂、2008年

第5章

高等学校の授業モデル

はじめに

　高等学校の「外国語（英語）」は、2009年3月に告示された現行の学習指導要領において科目構成が大幅に変更された（第2章第1節2. pp.41-42参照）。また、コミュニケーション能力の育成をいっそう重視し、「授業は英語で行うことを基本とする」という方針が打ち出された（第4章第1節2. p42参照）。高等学校での英語授業のモデルとして、本章第1節では必修科目である「コミュニケーション英語Ⅰ」を取り上げ、「授業を英語で」行うための具体例を紹介する。「英語表現」および「英語会話」の授業におけるスピーキングやライティングの活動については、第10章第3節「スピーキングの学習と指導」ならびに第12章「ライティングの学習と指導」に記載の活動例を参照されたい。本章第2節では、高等学校での英語授業改革のために提案された2つのアプローチについて述べる。

第1節　「コミュニケーション英語」の授業

1. 「授業を英語で」行うための指導手順

「授業を英語で」行う場合、第4章第1節1.（p.72）でも述べているように、授業を100%英語で行うのではなく、必要な場面で適宜日本語を使用しながら行っていく必要がある。典型的な授業手順は次のとおりである。

> （1）挨拶（曜日、天気、出欠等の確認を含む）
> （2）ウォームアップ（歌、単語や熟語等のトレーニング）
> （3）前時の復習（教科書本文、単語、文法項目等。小テストを含む）
> （4）本時の導入と説明（教科書本文、単語、文法項目）
> （5）言語活動（教科書本文の音読や練習問題等を含む）
> （6）まとめ（教科書本文、単語、文法事項。宿題の提示も含む）

（1）「挨拶」では、英語の挨拶や定型表現を大きな声で発することで、授業で英語を使うための「口慣らし」を行う。

（2）「ウォームアップ」も（1）と同様に「口慣らし」のための活動と考えてよい（第4章第2節1.（pp.74-75）では「たん切り」と呼んでいる）。例として、英語の歌を歌ったり、ことわざや名言を暗唱したりする活動が挙げられる。これらの活動を通して、歌やことわざに含まれる重要な文法事項や表現の習得を促すこともできる。そのほか、英英辞典を使って英語の定義から単語を当てさせるなどの活動を行う場合や、大学入試用の単語集や文法等の問題集などを用いて、範囲を決めて小テストを行う場合もある。

（3）「前時の復習」は、前時に扱った文法事項、単語、本文の内容などの理解・定着を確認・強化するために行う。小テスト、英文の暗唱、前時に扱った内容を英語で発表するなどの活動がある。前時に何を行ったのか、宿題として何を課しているのかによって、復習の内容は大きく変わる。教科書本文の内容理解や音読で前時が終了している場合には、復習として本文の音読を行って、前時に行ったことを思い出させることもある。

(4)「本時の導入と説明」では、最初に教科書本文の内容を英語で導入する「オーラル・イントロダクション」(oral introduction、以下OI) を行うことが想定される。教科書を閉じさせ、絵や写真を用い、キーワードを板書したり、カードに書いたものを黒板に貼ったりしながら、教科書本文の内容や関連する事柄を教師が英語で説明する。ときには、生徒に質問をしたり、提示したキーワードやキーセンテンスを復唱させたりして、生徒とのやり取り (interaction) を行う。その後、教科書を開かせ、OIで扱わなかった箇所や、扱っていてもより詳しい説明が必要な箇所について、適宜日本語で説明を行う。OIとその後の日本語の説明を通して十分な理解が達成されるように授業を組み立てるが、日本語での説明に安易に頼りすぎることなく、できるだけ英語での導入で多くを扱うことが望ましい。

　(5)「言語活動」では、新出単語や教科書本文の音読、理解度チェックのための問題演習、新出文法事項を扱ったライティング課題などを行う。教科書本文の音読については、クラス全体と個人で行い、時間に余裕があれば、「リード・アンド・ルックアップ」、「パラレル・リーディング」、「シャドーイング」なども行うとよい（個別の活動については、第11章第2節5. pp.197-200参照）。

　(6)「まとめ」では、(4)のOIで扱った内容を口頭で再生させたり、教科書本文の音読を通して本時に学習した内容を振り返ったりする。宿題の提示もここで行う。ただし、(5)までで授業を終えてしまう場合もある。

　次項では、これまで述べてきた流れを基にいくつかの導入例を提示する。

2. インプット重視の授業

初めに、インプットを重視した授業展開について例を示す。

　When Nobu's parents learned that their son was blind, they were very sad.　However, they soon discovered that he had a special talent.　When Nobu was two, he heard his mother sing "Jingle Bells."　A few minutes later, he surprised her by playing the tune on his toy piano.

As soon as Nobu began taking piano lessons at the age of four, he surprised his teachers with his memory. Nobu is able to read music by touch, but he likes to learn by ear. He listens to a tape recorded for him and remembers what he hears.
　The piano is Nobu's great love. He especially likes Debussy, Chopin, and Beethoven. He plays jazz, and once had a chance to meet the popular musician Stevie Wonder. He is also blind from birth.
〔*CROWN English Communication I*〔2013年版〕Lesson 4, p.45, 三省堂〕

上記は、ピアニストである辻井伸行氏について書かれた教科書本文の一部であり、辻井氏の幼少期について書かれている。内容を理解することを重視したOIの例を以下に示す。太字は板書する語句、下線は生徒に復唱（リピート）させる語句や文である（以後の例示においても同様の表記とする）。

　Look at this picture. Do you know who this man is? Yes, he is **Tsujii Nobuyuki**, a famous pianist. He is called Nobu by his friends.
　Nobu was born in Tokyo on September 13, 1988. Soon after he was born, his parents learned that he was **blind**. First, they were very sad. However, they found Nobu's **special talent**. He had a special ear for music. When he was **two years old**, he heard his mother sing "Jingle Bells." A few minutes later, he played the tune on his toy piano. It surprised her. He surprised her by playing the tune on his toy piano. His parents thought that their important role was to develop his music talent.
　At the age of **four**, Nobu began **taking piano lessons**. His teacher was surprised at his memory. Nobu is able to **read music by touch**. That is, he can read Braille music scores like this by touching them（点字楽譜の写真を見せながら）. But he likes to **learn by ear**. He listens to a **tape** recorded for him and **remembers what he hears**. He was given a special musical talent and he has improved it since then.

ここでは、辻井氏の幼少期の状況について述べているが、教科書本文には両親がいつごろ辻井氏の目の障害に気づいたのかなど、細かい情報がないので、それらを追加している。また、本文の最後のパラグラフの内容は、

辻井氏の生い立ちとは少しずれているので、OIには入れずに、あとで行う日本語による説明のところで触れることとしている。

OIのあとの言語活動の例としては、本文の音読をさせ、新出文法事項である知覚動詞を用いた文を定着させるための例文を提示し、個人またはペアで英文を作成させることなどが考えられる。また、教科書本文の題材内容をより深く理解させるために、例えばスティービー・ワンダーなど、身体的障害を克服して活躍している人に関する英文を読ませてもよい。

3. インプットした内容をアウトプットさせる授業

次に、OIでインプットした内容をアウトプットすることを目標にした授業の展開例を示す。

The word "Netherlands" means "low lands." About a quarter of the country is below sea level. More than half the population lives in that area.

For centuries, the Dutch have made efforts to change parts of the sea and lakes into land. It was not easy to remove the water from those large areas and keep them dry. They used thousands of windmills to pump out the water. Even now hundreds of windmills are working. "The Dutch made Holland," people say.

Dutch people needed special shoes to work on the wet soil. They began to wear wooden clogs. Some gardeners and farmers still wear them.

(*Grove English Communication I*〔2013年版〕Lesson 7, p.86, 文英堂)

上記は、オランダの正式名称である the Netherlands の由来と、オランダのシンボルとも言える風車と木靴について紹介している英文である。このパートを導入する OI の例を下記に示す。

Look at this picture. What is this? Yes, it is a **windmill**. Now look at the next picture. What are these? They are **wooden clogs**. Windmills and wooden clogs are the symbols of **the Netherlands**. Why did they become the symbols of the Netherlands? Let me explain the reasons now.

First, I will talk about the meaning of the name of the country. The name "Netherlands" means "<u>low land</u>." In fact, <u>about **a quarter** of the Netherlands is **below sea level**</u>. Look at the map of the Netherlands. These shaded parts are below sea level, and <u>more than **half** of the **population live** in these areas</u>. Why is the country in this situation? <u>The Dutch **changed** parts of the **sea** and **lakes** into **land**</u>. In this process, <u>it was very **difficult** to **remove water** from those large areas and **keep** them **dry**</u>. What did the Dutch do to remove the water? <u>They used **thousands of windmills** to **pump out** the water</u>. Even now, hundreds of windmills are working. That's why windmills are one of the symbols of the Netherlands.

　Next, I will tell you why the wooden clogs became a symbol of the Netherlands. <u>Most parts of the land had **wet soil**</u>, so <u>Dutch people needed **special shoes** for **working** on the **wet soil**</u>. What kind of shoes did they wear? <u>They wore wooden clogs</u>. The wooden clogs have some good points. They are **comfortable** and **warm**, and they **protect** their feet from dangerous things on the road. Also, they are **suitable** for walking on a mud road. <u>Some gardeners and farmers still wear them.</u>

　この OI では、the Netherlands という国名が土地の低さに由来すること、地面から水を取り除くために風車を利用すること、そして、人々が木靴を履く理由が水分を含んだ土壌に関わっていることについて説明している。上記の OI が終わった時点の板書は、次ページのようになる。

　導入後の言語活動例としては、音読をさせた後に、この板書と同じ内容のハンドアウトを配布し、口頭発表の練習をさせることができる。さらに、発表の際に、自分なりの意見や調べてきたことを生徒に付け加えさせて、より発展的な活動にする方法もある。発表の練習を宿題として課し、次の授業時に発表させてもよい。

| 海抜以下の箇所を示したオランダの地図 | オランダの風車の写真 | オランダの木靴の写真 |

the Netherlands
‖
low land

a quarter
below sea level
half population live

change sea, lake → land
difficult remove water
　　keep dry

windmill

thousands
pump out

wooden clogs
special shoes
working wet soil

comfortable, warm
protect
suitable

4．教科書本文を一部変更して導入する授業

次に、教科書本文の文脈の流れを見て、導入する内容の順番を入れ替えて導入している例を示す。

Part 1

Do you know this place? I think that many of you do. This is Mont-Saint-Michel. It's the name of an island in the north of France. There is a beautiful abbey on the island. Mont-Saint-Michel is one of the World Heritage sites.

Part 2

Christians built a small church on the island in 709. They gave this island a holy name. The sea surrounded it. They lived there away from society.

Many people visit for sightseeing each year. They always try omelets, the island's specialty.

Part 3

Victor Hugo called the island "the pyramid of the seas." Today, however, the water level around Mont-Saint-Michel is dropping. Sand surrounds the island. Everyone is afraid that it will be in a field of grass in the future.

（*Vista English Communication I*〔2013年版〕Lesson 4, pp.33-35 三省堂）

　教科書では、モン・サン・ミシェルの写真が掲載され、Warm-upとして、日本語で「①この建物はどこにある？」「②モン・サン・ミシェルの『モン』の意味は？」「③この建物は何？」という3つの問いに対し、3択で答えさせるタスクが課されている。その後、英文を聞いて、これらの問いに対する答えを探すことになっている。Part 1ではモン・サン・ミシェルの概要が紹介されているが、多くの高校生がモン・サン・ミシェルを知っている前提で書かれている。Part 2は、歴史的背景についての記述（第1段落）と、現在多くの人々が観光で訪れ、オムレツが名物であることの記述（第2段落）から構成されているが、後者は文章の流れの中で唐突感がある。Part 3では、ヴィクトル・ユーゴーの言葉とモン・サン・ミシェル周囲の水位の話が書かれている。この課の内容をそのままOIの中で扱うと、モン・サン・ミシェルの魅力が生徒たちにうまく伝わらない可能性がある。そこで、Part 1で世界遺産であるモン・サン・ミシェルの紹介と名物のオムレツについて、Part 2で歴史的背景を導入する例を下記に示す。なお、Part 3では本文の内容に沿ったOIを行うので、ここでの例示は割愛する。

Part 1

　（富士山の写真を見せて）Look at this picture. What is this? Yes, it is Mt. Fuji. There are a lot of foreign people coming to Mt. Fuji. Why do foreigners come to Mt. Fuji? One reason is that it became one of the **World Heritage sites** in June 2013. Last year, more than 3,000 foreigners visited it.

Now, look at the next picture. What do you see in this picture? It is also one of the World Heritage sites. Is it a mountain? No. It looks like a mountain, but it's a small island in France. Look at this map. The island is located here. Is it in the north or the south of France? Yes, it is in the north of France. Do you know the name of the island? It is **Mont-Saint-Michel**. Mont-Saint-Michel is the name of a small island in the north of France.

What is this on the island? Is it a castle? No. It is an **abbey** 大修道院, a kind of a church on the island. It is a beautiful old abbey on the island. In 1979, Mont-Saint-Michel became one of the **World Heritage sites**. Many people visit it for sightseeing every year. I hope some of you will have a chance to go there in the future. When you go there, you can try **omelets**, the island's specialty 特産物. You can also eat them in Yurakucho, Tokyo.

Part 2

In 709, Christians built **a small church** on the island, and they studied there. They lived there away from society, and made their own group for their life. After that, Christians built other buildings around the church. They named the church St. Michel Church after a Christian angel. In 966, the king of Normandy built an abbey, and since then, **pilgrims** 巡礼者 started to come to Mont-Saint-Michel as a holy place of the Catholic Church. During the French Revolution, the buildings on the island were used **not** as an **abbey** but as a **prison**. In the 19th century, the buildings were used as an abbey again. Later, people began to call the island "the mountain of St. Michael," that is, Mont-Saint-Michel.

このように、情報不足だったところを補いながら、文章の流れを少し変えて導入することで、理解しにくかった本文を理解するための手助けを与えることができる。

OIの後、説明、音読を経て、Part 1では「再生」（reproduction、第11章第2節5. p.199参照）の活動を行い、Part 2では新出文法事項である第5文型を扱った練習をすることが考えられる。

第2節　高等学校の英語授業改革のために提案された授業

1. SHERPA方式の授業

　生徒の総合的な英語力を高めるためにはさまざまな言語活動を取り入れる必要があるが、高等学校の英語の授業では、訳読中心、あるいは「訳読オンリー」の指導から脱却できていないケースが多いのが実情である。訳読オンリーの授業から一歩踏み出せるように、金谷編著（2011）は、「SHERPA」（シェルパ）方式の指導法として、以下に紹介する3つの授業モデルを提示している。

（1）モデル1：パラグラフ・チャート活用型

概要

　文法訳読式授業は、生徒に和訳を発表させ、教師が模範訳をし、解説するという形式で行われることが多い。授業中の生徒の活動は、予習として行ってきた教科書本文の和訳を、教師の言う模範訳を聞いて修正するという作業に終始する。このような事態を打破すべく、「パラグラフ・チャート」（以下、パラチャート）という穴あき部分訳ワークシートを用いた授業を展開するモデル1が提案された。

　授業パターンには、Ⓐレッスンの各パートを扱う（1パート1時間）、Ⓑ本文の要約を用いた活動行い、教科書課末問題の前半を扱う（1時間）、Ⓒ教科書課末問題の後半を扱う（1～2時間）の3つがあり、検定教科書で想定されている1レッスン6～7時間という時間配分で実施できるようになっている。

補助教材

　この授業モデルでは、教科書以外に、「2択式単語予習シート」、「パラチャート」、「教科書本文の穴あき要約文」を教師が用意する必要がある。上記のうち、2択式単語予習シートとパラチャートは、生徒に予習として

課すことが前提となっている。例として、次の英文を用いた補助教材の一部を挙げる。

①教科書本文の架空サンプル

> When you are talking with your friends, how far do you usually stand from them? You probably do not want to be too close, but not too far away. We all feel comfortable with some space between us and other people. This is called our personal space. Do you feel uncomfortable when somebody talking to you is standing too close? When someone stands too close to you, they are "invading your personal space." It is an annoying feeling, but you can learn from it.
>
> Is your personal-space bubble large or small? Different people have different feelings about personal space. Do these differences reflect differences in personality, or perhaps culture?　　　　［金谷編 2011］p.76

②2択式単語予習シートの作成例（一部分）

> 1　以下の単語・表現を教科書本文中から探し出し、蛍光ペンでマークしましょう。
> 2　教科書本文を読み、それぞれの単語・表現の意味をA、Bから選びましょう。

	ページ	行	単語・表現	リズム	品詞	意味	
1	7	2	probably	●○○	副	たぶん	
2	7	2	close	●	形	A:閉じた	B:近い
3	7	3	comfortable	●○○○	形	A:心地良い	B:責任がある

③パラチャートの作成例（一部分）

> 本文を読んで、（　）に入る適切な表現を記入しなさい。
>
> Paragraph 1：パーソナルスペースについて
> ①友達と話をしているとき、普通（　　　　　）立つだろうか。
> ②おそらく（　　　　　　　）、しかし（　　　　　　　）。
> ③私たち皆、自分たちと他人の間に（　　　　　　）と心地良く感じる。

④教科書本文の穴あき要約文（一部分）

Lesson 1: Your Personal Space

We all need some space between ourselves and others. This space is called our (1.　　　) space. Each of us has different feelings about personal space, and we all have our own personal-space characteristics. However, there are some (2.　　　). For instance, our personal-space bubbles typically become larger when we talk to (3.　　　). …（後略）….

――― 折る ―――

smaller / patterns / cultures / typically / among / sex / personal / observe / strangers

［金谷編 2011］p.21

指導手順

Ⓐ～Ⓒの各授業パターンにおける指導手順は以下のとおりである。

Ⓐ教科書のパートごとに行う
1 導入
2 内容理解（32分）
　新出語チェックと発音練習（6分）→本文題材に関するsmalltalk（2分）→パラチャートを活用した読解（2分）→教師による本文解説（20分）→本文のリスニング（2分）
3 定着活動：音読（8分）
4 まとめ

Ⓑレッスンの全パート終了後に行う
1 導入
2 穴あき要約文の穴埋め活動（10分）
　穴埋めタスク（4分）→答え合わせ（6分）
3 穴埋め要約文を用いた定着活動（12分）
　一斉読み（4分）→自由読み（3分）→ ペア読み（5分）
4 教科書課末問題の前半（18分）
5 まとめ

Ⓒレッスンの最後に行う
　教科書の課末問題後半や文法演習など

上記の方法であれば、パラチャート作成の際、難易度を調整することが可能である。少し難しめの教科書を使用している場合は、生徒の学力に合わせたパラチャートを用意するとよい。

(2) モデル２：Two-Way Translation 活動

概要

　訳読式授業では、英語を日本語に訳す作業で終わってしまいがちであるが、このモデルでは、一度日本語に訳した内容を再度英語に訳し直し、日英双方向の翻訳活動をすることが特徴である。ここでは、和訳をする箇所を精選して空欄にした「穴埋め和訳シート」と、「日本語サマリーシート」を用意する。日本語サマリーシートは、穴埋め和訳シートで空欄にしなかった平易な文を５〜６文挙げ、いくつかの箇所を空欄にしておく。これを見ながら英文に訳していくこととなる。

　授業パターンは、Ⓐレッスンの各パート（１パート１時間）、Ⓑ本文の内容再生活動（１時間）、Ⓒ教科書課末問題（１〜２時間）となっている。なお、穴埋め和訳シートは予習として課している。

指導手順

　Ⓐ〜Ⓒの各授業パターンにおける指導手順は以下のとおりである。

> Ⓐ教科書のパートごとに行う
>   1　導入
>   2　内容理解（20分）
> 　　穴埋め和訳シートの答え合わせ（12分）→日本語サマリーシートの穴埋め（8分）
>   3　定着活動（20分）
> 　　日本語サマリーシートの英訳活動（15分）→英語サマリーの音読練習（5分）
>   4　まとめ
> Ⓑレッスンの全パート終了後に行う
>   1　導入
>   2　定着活動（40分）

>   英語サマリー全体の音読練習（10分）→英語サマリーの一部のリード・アンド・ルックアップ（10分）→英語サマリーの一部を使った内容再生（20分）
>   3　まとめ
> ⓒレッスンの最後に行う
>   教科書の課末問題後半や文法演習などを行う

　上記の方法の場合、本文の内容を再生させる活動をする前に「リード・アンド・ルックアップ」（Read and Look up　第11章第2節 5. p.198参照）を行うことで内容再生への橋渡しを行うという段階を踏んでいるので、生徒も無理なく取り組みやすいと言える。

（3）モデル3：縮約版を利用した2度読み

概要

　このモデルは、教科書本文を短く編集し、その部分を2度繰り返すという方法である。教科書本文全てを扱わず、各パートの英文を半分に減らし、2パート文を1つにまとめた縮約版を用いて内容理解と定着活動を行うものである。このモデルでは、「和訳プリント」、「フレーズチェックシート」、「縮約版本文プリント」（文を書き換えるのではなく、間引く形で作成する）を用意する。

　授業パターンは、Ⓐレッスン2パート分の概要把握1回目（1時間）、Ⓑレッスン2パート分の概要把握2回目（1時間）、Ⓒ上のⒶⒷで扱わなかった部分を含めた文法解説、全体の内容把握、課末問題（2～3時間）となっている。授業は、ⒶⒷⒶⒷⒸⒸの順に進める。なお、このモデルは予習を前提としていない。

指導手順

　次にⒶからⒸの授業パターンについて述べる。

> Ⓐ縮約版を作る回
>   1　導入
>   2　内容理解（30分）

フレーズチェック（13分）→ Q&A（日本語で尋ねて英語で答える）(10分)
　　　→センテンス・ハント（教師が言う日本語文に相当する英文を見つける）（5分）→本文リスニング（2分）
　　3　定着活動：縮約版を用いた音読（10分）
　　4　まとめ
Ⓑ縮約版を取り込む回
　　1　導入・復習
　　2　内容理解（20分）
　　　フレーズチェック（5分）→音読（7分）→ Q&A（英問英問）(8分)
　　3　定着活動（20分）
　　　音読（5分）→ 本文の内容再生（15分）
　　4　まとめ
Ⓒレッスンの最後に行う
　　ⒶとⒷで扱わなかった文のうち、特に文法説明が必要な文について解説を行う。また、課末問題も行う。

　このモデルでは、縮約版で扱わなかった文法解説などを後半に持ってきているが、扱っていない箇所を全て扱おうとして、けっきょく文法解説と訳読が中心になってしまうおそれもあるので、注意が必要である。

2. 和訳先渡しの授業

　訳読式の授業の場合、50分の授業のほとんどの時間を、英文を読んで訳すという作業に費やしてしまう。生徒たちは予習してきたノートを見ながら、教師の言う模範和訳を聞き、赤ペンでノートに書かれた和訳を修正することが主な活動となってしまうので、授業中に英語を発する機会も少ない。また、1時間の間に指名される生徒の数も限られる。そこでここでは、和訳を先に生徒に配布してしまい、その後の言語活動に工夫をするという「和訳先渡し授業」の標準的な授業パターンを紹介することにする［金谷・高知県高校授業研究プロジェクトチーム 2004］。

(1) 論説・説明文を扱う場合の標準パターン

1時間目は、「導入・語彙」→「内容把握」→「音読・表現」という手順で授業を進めていく。「導入・語彙」では、まず和訳を配布し、その和訳を生徒に一気に読ませる。その後、本文を見ながら、教師が言う日本語の単語に相当する英単語を素早く探し出す「ワードハント」を行う。「内容把握」では、教師が言う日本語に相当する英文を見つける「センテンスハント」、教師の英語の質問に対する答えを含む文に下線を引かせるQ&Aを行う。「音読・表現」では、下線を引いた文を音読する。続いて、リード・アンド・ルックアップを行う。その後、空欄を設けた英語要約文を配布し、要約を完成させる。最後に宿題として英問英答を課す。

2時間目の授業は、「語彙」→「内容把握」→「音読・表現」という流れで行う。「語彙」では、1時間目と同様ワードハントを行い、次に「内容把握」として、内容理解のためのQ&A、各パートに適したタイトルを選ぶ活動を行う。その後、ハンドアウト上に書かれたキーセンテンスをテキストに出てきた順に並べる活動を行う。「音読・表現」では、ハンドアウトに書かれたキーセンテンスの中から特に重要な文を選び、説明的な句・節を省略して簡潔な文にして、要約文を作成する。作った要約文は、グループワークで評価を行う。その後、音読、「シャドーイング」(shadowing 第10章第1節 2. p.167-168参照) リード・アンド・ルックアップを行う。最後に、モデル要約文の「ディクテーション」(dictation 第10章第1節 2. p.167参照) を行う。音読やディクテーションを行う以外は和訳を見ることになるので、2時間でだいたい9回ほど和訳を見ることになる。

なお、これらの活動においては、配布した和訳を参照しながら行ってよいことになっている。

(2) 物語文を扱う場合の標準パターン

物語文の場合は、1時間目に語彙・概要把握を行い、2時間目に表現の取り込みと内容再生活動を行う。

1時間目は、テキスト本文の語彙リスト（和訳つき）を使い、語彙の日本語での意味と正しい発音を身につけるところから始める。次に、順番がでたらめの英文を、和訳を頼りに正しく並べ替えてから、音読を行う。その後、内容に関する英問への答えを教科書本文から探し、下線を引いてから音読を行う。さらに、教科書本文の音声を聞きながら息継ぎの起こっている場所にスラッシュを入れる「スラッシュ・リーディング」、黙読、音読を行う。

　2時間目も教科書本文の語彙リスト（和訳つき）を使い、語彙の日本語での意味と正しい発音を身につける活動を初めに行う。次に、ペアで教科書本文に関する True/False questions を交互に出し合う。その後、空欄のある英文の要約をハンドアウトで配布し、空欄を埋めさせる。答え合わせ後に音読を行う。最後にグループに分かれ、順番にストーリーの再生を行う。物語文の場合、どの活動でも配布した和訳を使用することになる。

　英文和訳の授業を行っている場合、「和訳を配布してしまったら、授業で何をすればいいのか」と疑問に感じるかもしれないが、ここで例示したように、語彙、内容理解、要約作成、音読など、さまざまな言語活動を取り入れることが可能である。また、教科書の内容理解に要する時間を短縮することで捻出された時間を利用して、4技能を伸ばすためのさまざまな活動を取り入れることができる。

おわりに

　「授業を英語で」行うことは、日本語を禁止し、英語で全てを説明することではない。生徒の理解を促すべきところでは、適宜日本語を用いて説明することもありうる。授業内の日本語使用の意義を知ったうえで、英語の授業を英語で進めていくことが大切であり、高校の授業改革にもつながると言える。

引用・参考文献

金谷憲・高知県高校授業研究プロジェクトチーム『高校英語授業を変える和訳先渡し授業の試み』三省堂、2004年

金谷憲編集代表『英語授業ハンドブック 高校編 DVD付』大修館書店、2012年

金谷憲編著『高校英語の授業マニュアル——訳読OnlyからのTake off』アルク、2011年

語学教育研究所『指導手順再検討』(語研ブックレット2) 語学教育研究所、2008年

第6章 小学校の授業モデル

はじめに

　授業は単体で孤立して存在しているのではなく、カリキュラム全体の中の位置づけ、その授業で児童につけたい力、ねらいに対応した評価などと強く結びついているが、本章では対象を絞って、「外国語活動」の授業という単体の事象について考えることとする。

第1節　指導内容

1. 使われる英語の正確さに対する考え方

　小学校の「外国語活動」の授業が中学校・高等学校の英語の授業と大きく異なっている点は、意味内容が通じ合えば授業中に飛び交う英語の質は重視されないことである。間違えた英語を聞かせていても、そして子ども

にその英語を練習させていても、誰かから指導されることはめったにない。「外国語活動」が「教科」ではないということは、教室にこのような影響を与えることになる。児童の負担軽減が、不十分でない英語でもよしとする根拠になっているが、中学校に入ったときに今まで覚えていたことを消去して学び直す負担も考慮しなければならない。すなわち、目先の負担だけでなく、将来の負担も考慮しなければならないのである。中学校での授業と齟齬を来す質の英語を授業で使うか否かは教師個人の判断にかかっているので、まずその点について吟味する必要がある。

2. 技　能

「外国語活動」では、音声言語のみを扱うことが基本となっている。子どもは英語を聞き、英語を話すことを目指す。実際には、週1回の授業で外国語を話せるようになるのは容易ではなく、丁寧に多くのインプットを与えることが必要である。

　音だけの英語の世界を想像してほしい。文字に「逃げる」ことはできない。黒板に単語を書いても、それは役に立たない。音だけで言葉の世界をつくるのには、意味を伝えきることのできる「ティーチャー・トーク」（teacher talk）、児童の理解を支える言語外情報の提供などの指導技術が必要である。指導技術がなければ、どんなに英語力があっても授業は成立しない。中でも小学生を対象に授業を行うために最も重要な指導技術は、その場その場の児童の理解を敏感に細やかに関知することである。児童は今理解しているのか、理解していないとしたら理解を妨げる要因はどこにあるのか、それを瞬時にはじき出し、要因を取り除くための手だてを、これまた瞬時に繰り出さなければならない。また、児童にとって聞く価値のある内容を供給することが必須である。自分とは関係ないことや「どっちでもいいこと」は、そっぽを向かれるからである。さらに、「外国語活動」ではコミュニケーションを扱うので、双方向的な心情のやり取りができなければならない。こうした技術は座学で身につけることは困難であり、模擬

授業や教育実習などの機会に身につけることが求められる。

　中学校の英語教師から小学校の「外国語活動」への要望として、「アルファベットぐらい書けるようにしてきてほしい」とか「フォニックスの初歩ぐらい教えてきてほしい」ということが頻繁に挙がるが、音の世界から文字の世界に子どもをいざなう複雑な営みは、専門家である中学校の英語教師の役割であるとも考えられる。中学校での学習に備えるという視点で文字やフォニックスの導入を行うより前に、しっかりした英語の音声を蓄えさせることの意義を見直したい。

第2節　指導法

1．子どもの学びの捉え方

　現場の授業で多く見られる現象として、練習の果てに話す活動を展開しようとすると、児童から「先生、なんて言うんだっけ？」と言われることがある。これは、子どもが話せるようになるしくみを理解することなく、大人の思い込みで反復練習をすれば話せるようになるはず、と捉えていることが原因で起こりうる現象である。

　指導法の選択は、児童の学びの特徴を理解することから始まる。「2つめの言葉」と出会うとき、児童がどのように、学んだことを受け入れ、内在化させ、それが発話に至るのかということを理解しなければ、効果のない指導を繰り返すことになりかねない。それは、教師にとっては徒労であり、児童にとっては迷惑である。

　実際の指導案を見ると、ゲームを通して語彙と親しみ、やり取りのモデルを見て、そのあと反復練習やチャンツを使って言い回しを記憶する指導法が採られている。この方法が最良のものなのかを検証することが必要である。

　「外国語活動」の授業は週に1回しかないということも考慮しなければ

ならない。もっと頻度が高ければ効果が上がる指導法でも、週1回で効果が出るとは限らないからである。

現状では、実践を丁寧に観察し、実際に児童がどのようなふるまいをしているかについてのデータを集め、分析することが肝要であろう。

2．インプットの重要性

言語指導においては聞かせることが大切だということに異論はないだろう。十分なインプットを与えなければアウトプットは期待できない。しかしながら、現状では効果的にインプットが与えられているとは言えない。原因は2つあると考えられる。

1つは、児童を対象にしたときに、どのように英語を聞かせたらよいのか、その指導法が追究されていないことである。「がんばって10回聞きましょう」と言っても児童が聞くとは限らない。そこに座っておとなしくしているかもしれないが、音が聞こえている状態（hearing）であっても、注意を向けて聞いている（listening）かどうかは分からない。聞く回数を指定する以外の方法を探る必要がある。

2つ目の原因は、単元の最後の授業でアウトプットを設定していることである。最後にアウトプットができるようにしようとして、そこから逆算して授業を組み立てることになると、インプットよりもアウトプットの訓練に重心を置いた指導を行うことになりがちである。

言語学習における「聞くこと」と「話すこと」の関係は、スポーツにおけるサッカーと水泳のように「サッカーばかりだとあきるから水泳も」というような並列関係にあるのではなく、「引き算をできるためには、その前に足し算ができることが必須である」という順序関係にある。すなわち、聞いて理解できないことを話すことはできない。その点を肝に銘じて、インプットを効果的に与える指導法を用いることが肝要である。

3. 個人での確認

　中学校・高等学校の英語の授業では、目標表現が言えるようになっているかを生徒一人ずつ確認する場面があるが、現状の小学校「外国語活動」では、時間の制約もあって集団での反復練習しかしていない実践が多い。そのあとインタビューゲームなどにおいて、個人で責任を持って発話する場面が来ても、対応できない児童も多い。

　全員で声をそろえて練習していると、あたかも全員がきちんと練習しているような錯覚に陥るが、一人ひとりがきちんと練習しているとは限らない。きちんと練習していたとしても、短期記憶で反射して今聞いたことを機械的に復唱するのと、時間をおいて自分で発話するのとでは、当然のことながら負荷が異なる。授業設計においては、発話に至るまでの道のりで何をしておかなければいけないかを、中・長期的視点に立って考える必要がある。

第3節　言語経験

1. 授業の中での言語経験

　英語教育においては、授業時間内に知識や技能を授けることだけでなく、実際に英語を使ってみる機会を提供しなければならないが、日本では小学校に限らず、限られた時間内にそれが十分にできていないのが現状であろう。教室の外では特に英語を使わなければならない場面がなく、教室の中でも実際に使ってみることがないことが、駆け込み寺的に人々を英会話教室に駆り立てるのではないか。

　「外国語活動」の授業で児童がどのような言語経験をしているかを、ここで確認しておこう。多くの実践で、キーワードゲーム、ポインティングゲーム、メモリーゲームなど、実に多くのゲームを行うことになっている。

それらのゲームを経て、最後はインタビューゲームで実際に言葉を使う、という流れである。

　ゲームの中では、言語は「おもちゃ」になる。特に、勝敗のかかるゲームやスピードを競うゲームでは、ポイントを獲得するために言葉を使ったり、荒れた音を使わざるを得ない状況に子どもを置いたりすることになる。2008年版学習指導要領では共生のための英語、言語の大切さが強調されているのに、実際の活動では、人より多くのポイントを取り、乱暴な言葉遣いを奨励しているようなゆがみが見られる。練習の場面だからと割り切っても、児童にとってはそれが言語経験になってしまうので配慮が必要である。

2. 「使用」と「記憶」

　現状では多くの場合、単元を通して児童がしなければならないことは、最後のインタビューゲームで使うやり取りを暗記することである。そこでは、児童が自分の持っている知識や経験を使って英語を聞き取ったり、自分で文を組み立てて発話したりするのではなく、この単元で使うべき英語を暗記することが求められている。子どもの中には暗記が得意な子もいるが、週に１度しか触れない言語を暗記することに困難を極める子どももいる。

　暗記を促進するために多用されるのがチャンツである。しかしながら、中には英語らしい音の流れを保持しているチャンツもあるものの、そうでないものも多数ある。これなら覚えないほうが幸い、と思わされるチャンツも多い。

　記憶にすがりながらインタビューゲームをするとき、英語らしい自然な音の流れが損なわれることもある。また、チャンツをしっかり再現している子どもの発する英語がそもそも英語らしくないこともある。

　暗記中心の言語経験を重ねてきた子どもたちは、どのような英語観を抱くようになるだろう。英語は覚えるもの、とにかく覚え込むものという英

語観を持つとしたら、それは中学校以降の学習にどのような影響を与えるか。定型表現（formula）の丸暗記がもたらす影響については十分な検証が必要であろう。

3．コミュニケーションの素地の捉え方

「外国語活動」がコミュニケーション能力の素地の育成を目指すものである限り、一人ひとりの指導者は、自分なりの「コミュニケーション能力観」を持っていなければならない。

現状では、覚えた言い回しを1対1でやり取りすることをコミュニケーション能力の素地と捉えている様子がうかがえる。この経験で得られた「通じた！」という手応えが意欲となり、中学校以降の学習に良い影響を与えるという考え方である。2人ともが自分で英語の音声を操れるようになっていたら、やり取りは弾むであろうが、1人が覚えていても相手が覚えていなかったとしたら、それは双方にとって気詰まりな時間になるだろう。そのときに、覚えているほうの児童が、覚えていないほうの児童に「こう言うんだよ」と教えてあげる場面を捉えて、学級経営に寄与する児童どうしの助け合いの心温まる場面と捉えられたりするが、そもそも、言えるようになっていないのにインタビューさせられている児童が気の毒ではないのか。1対1のやり取りのみを子どもどうしのコミュニケーションと捉える見方がふさわしいのか、その手前に多種多様なコミュニケーションの形がないのか、十分に検討する必要がある。

第4節　教材・教具

1．身近にあるもの

「外国語活動」が小学校教師に好意的に受け止められているとは言えな

い理由の一つに、授業の準備が大変だということが挙げられる。週に1回しかない授業のために負担の多い準備をするのは、考えただけでストレスの発生する仕事である。教材を1から作るだけでなく、身近にある物をうまく使う工夫をすることも必要な指導力である。

　小学校の教室は中学校・高等学校の教室と比べると格段に色鮮やかである。制服のない学校では子どもはいろいろな服を着ている。折り紙をパウチして提示用の色のカードなどを作らなくても、こどものTシャツやセーターの色だけで授業ができる。給食の献立は、好き嫌いのやり取りをするのにこれ以上ないリアリティーを持った教材になる。運動会で校庭を飾る万国旗は、国の名前のオンパレードである。このように、学校にあるものを使って教材にすれば、絵カードを準備する必要もないし、子どもたちにとってはまさに生きた教材になる。

　子どもの持ち物も良い教具になる。例えば、筆箱の中の鉛筆を数えさせることで数の表現に親しむことができる。また、教師が家から何枚かハンカチを持ってきて、子どもたちがどれが欲しいかを尋ねれば、自然に"want"を使ったやり取りができる。

　図書室にある絵本や美術書も利用できる。絵本を英語で読み聞かせする場合、上から文字を逆さにのぞいて読まなければいけないので、慣れないと難しい。それよりは、絵に描かれていることを使って子どもとやり取りを進めると、いかにも英語を使っているように感じられる。美術書はあまり借り出されず、いつもそこにいてくれる強い味方である。静物を描いた作品は果物の語彙の導入にぴったりだし、楽器を弾いている人を描いた絵は"can"を使ったやり取りに適している。

　動物園の案内図を使って動物の語彙を導入したり、町にあふれるアルファベットを使った看板を教材化するなど、身の回りの素材を教材として用いる工夫が欠かせない。「これは教材になるんじゃないかな」とアンテナを張って身の回りを見直してみることで、教室の中で使えるリアリティーのある素材が見つかるだろう。

2. デジタル教材・視聴覚教材

英語に苦手意識を持っている指導者にとって、自分の代わりに英語の音を出してくれる教材ほどありがたいものはない。デジタル教材や視聴覚教材を効果的に使いこなしたいものである。音声教材を選ぶとき、英語として音が整っている物を選ぶのは教材採択者の務めである。自分が選んだ教材が子どもにとってインプットになるという緊張感を持って教材を選択してほしい。こうした教材を中心に研究している学会で情報を収集したり、嗅覚を働かせて良さそうな教材を購入したりして、教材を選ぶ腕を磨きたい。同僚や友人からの口コミが有効なことも多いので、密に情報交換することが求められる。小学生向けの英語の歌の教材も市販されているが、前奏や間奏が長すぎるものは聴く意欲を低下させるおそれがあるので配慮したい。

第5節 指導案例

本節では、「小学校英語活動」の3種の指導案を紹介する。

1. 数を扱う授業展開例

活動（時間）	活動の概要	留意点・教具
挨拶 （1分）	■T（教師）：Let's start today's English lesson.	・担任が挨拶するときは、朝からいっしょにいるので"Good afternoon"などの挨拶はしなくてよい。
歌： "Seven Steps" （8分）	■"Seven Steps"の歌を、さまざまなバリエーションでS（児童）たちといっしょに歌う ＜基本パターン＞	・音源を使うときは、聞かせるために使うのか、いっしょに歌うために使うのか、目的を明確

	One, two, three, four, five, six, seven. One, two, three, four, five, six, seven. One, two, three. One, two, three. One, two, three, four, five, six, seven. ＜変化パターンの例＞ □ある数字（例えば2と6）の部分を言わずに、"1－×－3－4－5－×－7" のように歌う。 □"7－6－5－4－3－2－1" の順に歌う。	にする。 ・音源や指導者の音量を少しずつ小さくしていき、子どもたちだけでどのぐらい歌えるか、確認する。
出席番号 ゲーム （12分）	■全員を立たせ、数字カードを次々に提示しながら "Who is No. … ?" と尋ね、該当する出席番号のSを着席させる。 ＜例＞ T：Everybody stand up. 　　Who is No. 20? 　　出席番号20番のSが挙手する。 T：You're No. 20．Sit down	・クラスの出席番号分の数字カードを用意する。
教室にある 物を数える （13分）	■Tが教室にあるテレビ、机、時計などの数を尋ね、Sの答えに対して英語で確認をする。 ＜例＞ T：How many desks are there in this classroom? S：30個。 T：Yes, there are thirty desks in this classroom..	・子どもが日本語で答えたら、丁寧に英語に置き換えて聞かせる。 ・数える物を何にするか、子どもに考えさせるのもよい。
「足して10」 （10分）	■Tが1ケタの数を言い、その数に足すと10になる数字をSが言う。 ＜例＞ T：Let's make ten. 　　When I say "six," you say "four." 　　Okay? Seven. S：Three.	・英語の指示が分からなければ、日本語を使ってもよい。 ・学習経験に応じて、出来上がりの数を変える。 ・集団でなく個人でもやらせる。個人で出す声が安定してきたら、ペアでやらせてもよい。
挨拶 （1分）	■T：That's all for today.	

2. 起きる時刻を扱う授業展開例

活動（時間）	活動の概要	留意点
挨拶 （1分）	■T：Let's start today's English lesson.	・通常の授業の始め方を踏襲する。
歌： "Are You Sleeping" （10分）	■どんな音が聞こえてきたか、それは何回聞こえたかなど、課題を与えながら何回も歌を聞かせ、歌えそうなところから歌わせてみる。 <例> T：What did you hear? 　　How many times did you hear it? 　　Let's check.	・授業で扱う内容を含む歌がない場合もあるので、帯活動と捉えて歌に親しませる。 ・輪唱に挑戦させてもよい。
時刻の表し方を聞かせる （15分）	■Sたちに対して「Brother Johnは修道士なのに、寝坊だなんてだいじょうぶかな？　何時になっちゃってると思う？」と尋ね、児童たちから時刻を引き出す。子どもが言った時刻は英語にして聞かせ返しながら板書する。	・必ずしも歌と関連させて導入する必要はない。授業の開始時刻、好きなテレビ番組の始まる時刻、近所のバス停の時刻など、子どもが時刻を言いたくなる題材を用いる。 ・黒板にたくさんの時刻が書かれたら、ゆっくり初めから聞かせる。
「クラスの早起きさんは？」 （15分）	■クラスで誰が一番早起きか予想させ、それを確かめるために1人ずつに尋ね、答えの時刻を順番に板書する。 <例> T：What time do you get up? S₁：7時。 T：You get up at seven o'clock. 　　I get up at five-thirty.	・指示は日本語でもよい。 ・リズムよく進める。 ・YouとI、2つの主語の文を丁寧に聞かせていく。
「当てはまるときだけ言ってみよう」 （3分）	■Tがいろいろな時刻について"I get up at …."と言い、Sは自分に当てはまるときだけ繰り返して言う。 ■リズムがつかめてきたら、動作をつけ	・全文を聞かせ続けることで、文のどの位置に時刻が来るのか、捉えられるようにする。

	ながら"I go to bed at …."に変えて続ける。	
挨拶 (1分)	T : That's all for today.	

3. 現在進行形を扱った指導案

活動（時間）	活動の概要	留意点・教具
挨拶 (2分)	■T : Let's start today's English Lesson.	・通常の授業の始め方を踏襲する。
歌： "London Bridge is Falling Down" (10分)	■広い場所があれば、S 2人が手を高く取り合って作った橋の下を、輪になってくぐりながら歌う。歌詞最後の"My fair lady."のところで、手を下ろす。	・走り回ってけがをしないように注意する。
名画を見よう (15分)	■図書室や図工室にある美術書の中から、動きのある絵を選んでおく。 ＜例＞ T : Look at this girl. She is playing the piano. Look at this boy. He is running.	・書画カメラが使えるなら、ブリューゲルの絵のようにいろいろな人が描かれている絵を映し出すと、話が弾みやすい。
ジェスチャーゲーム (15分)	■Tが何か動作をして見せて、何をしているかSに当てさせる。Sが日本語で答えたら、英語にして聞かせ返す。 ＜例＞ T : What am I doing? S : サラダ食べてる。 T : I am eating salad.	・たくさん聞かせるために、たくさんのアイディアを考えておく。次から次に繰り出すリズムを大切にして行う。
挨拶 (1分)	■T : That's all for today.	

おわりに

　小学生を対象に英語の授業を行うのは、中学生や高校生に授業を行うのとは異なった技術や知識が必要である。また、英語の授業を行うには、英

語力だけでは足りないが、英語力がなければ始まらない。ぜひ知見を広め技術を磨き、現場で力を発揮していただきたい。

引用・参考文献

語学教育研究所『小学校英語——子どもの学習能力に寄り添う指導方法の提案』(語研ブックレット3) 語学教育研究所、2010年

語学教育研究所『小学校英語2——子どもの学習能力に寄り添う授業つくりの提案』(語研ブックレット5) 語学教育研究所、2012年

第 章

テストと評価

はじめに

　「指導と評価の一体化が大切」と言われている。これは、指導と評価は別々に考えるものではなく、表裏一体となって進めていくべきものであるという意味である。例えば、教科書のある単元を指導する際、その評価方法についても計画しておく。そして、ペーパーテストや観察などによって評価をしたら、その結果を基に自分の指導を省みる。達成状況が低ければ、補って指導したり、指導方法を改善したりする。さらにその後の指導の成果を再び評価するのである。当然ではあるが、指導があれば評価があり、評価があれば指導がある。

　教師としての指導経験が浅いと、良い授業を行おうと指導方法や指導技術にばかり気を取られがちである。しかし、評価は指導と同じくらい大切である。教師が行う評価で、個々の生徒の関心・意欲、技能、知識などが測られ、評定が決定されてしまうのである。ときには生徒の将来を左右することもあるので、評価を行う教師の責任は重大である。適切な評価がで

きるよう、絶えず研修を積まなければならない。

第1節　観点別学習状況の評価

1. 英語科における4つの観点

2000年の教育課程審議会による「児童生徒の学習と教育課程の実施状況の評価のあり方について」の答申を受け、小・中学校の各教科の評定において「目標に準拠した評価」（絶対評価）を行うようになった。それまで高等学校では絶対評価が行われていたが、小・中学校の評定においては基本的に「集団に準拠した評価」（相対評価）が行われ、生徒の成績を学習集団の中での相対的な位置で評価していた。5段階評定の場合、5と1をつける割合が学年の生徒数の7％、4と2の割合が24％、3の割合が38％と決まっていたのである。集団に準拠した評価が目標に準拠した評価に変更され、4つの観点についての「観点別学習状況」の評価を基にして5段階の「評定」を決定するようになり、評定における1～5の各段階の人数は、生徒の達成度によって異なるようになった。中学校および高等学校の外国語（英語）の観点別学習状況の評価における4つ観点とその趣旨は、**表1**のと

表1：　評価の観点およびその趣旨

観点	コミュニケーションへの関心・意欲・態度	外国語表現の能力	外国語理解の能力	言語や文化についての知識・理解
趣旨	コミュニケーションに関心を持ち、積極的に言語活動を行い、コミュニケーションを図ろうとする。	外国語で話したり書いたりして、自分の考えなどを表現している（外国語で話したり書いたりして、情報や考えなどを適切に伝えている）。	外国語を聞いたり読んだりして、話し手や書き手の意向などを理解している（外国語を聞いたり読んだりして、情報や考えなどを的確に理解している）。	外国語の学習を通して、言語やその運用についての知識を身につけているとともに、その背景にある文化などを理解している。

（　）内は高等学校における趣旨、その他は全て中・高共通である。　　　　（筆者作成）

おりである。

2. 観点別学習状況の評価方法

　観点別学習状況の評価を行うには、あらかじめ「評価規準」を設定しておく必要がある。評価規準とは、何を評価するかを具体的に表したもので、例として、「相手に聞き返すなどして、言われたことを確認しながら聞き続けている」「聞き手を意識して、強調したり繰り返したりして話すことができる」「語句や表現、文法事項などの知識を活用して内容を正しく読み取ることができる」「正しい語順や語法を用いて文を構成する知識を身につけている」などが挙げられる。評価規準は、「内容のまとまり」ごとに4つの観点に基づいて作成することになっている。外国語科における内容のまとまりとは、「聞くこと」「話すこと」「読むこと」「書くこと」の各技能である。評価規準の具体的な作成方法については、国立教育政策研究所がまとめた『評価規準の作成、評価方法等の工夫改善のための参考資料』を参考にするとよい。年度当初までに年間指導計画を作成するが、その中に評価規準を盛り込んでおく。

　評価規準を設定したら、各評価規準の達成状況を、ペーパーテスト、リスニングテスト、パフォーマンステスト、ワークシート、作品、発表、授業中の観察などの方法によって評価する。例えば、4つの観点の1つである「外国語表現の能力」を評価するためには、「話すこと」「書くこと」「読むこと（音読）」の達成状況から総合的に判断する。そのためには、1つの学期の中に評価機会を何回か設けなければならない。例えば「話すこと」では、スピーチ発表、インタビューテスト、ロールプレイテストを実施する。「書くこと」では、自由英作文や和文英訳などの問題を小テストや定期考査で出題する。「読むこと」では、音読テストを実施する。これらの結果を総括して、A・B・Cのいずれかの評価に決定するのである。どの程度でAまたはBにするかの基準についても設定する必要がある。学校または地区によって、例えば、50％以上でB、80％以上でAのように、各評

価の達成率が定められていることが多い。

　年間や単元の指導計画において評価規準を設定する際、次のことに留意したい。

　①評価できる現実的な評価規準の数と内容にする。1つの評価を行うのに1回の授業全体を費やすこともある。授業時数は限られているので、多くの評価規準を設定しても評価しきれなくなる。

　②言語活動を計画する際には、評価方法を同時に考える。

　③ペーパーテストの結果だけに偏らないで、さまざまな評価方法を取り入れる。そのためには、さまざまな活動を考えなければならない。

　④評価機会をいつにするのかも同時に考えながら設定する。全ての評価を単元内で行うのではなく、後日行うことも考えられる。単元ではなく、長い期間をかけたほうが適切に評価できることもある。また、学期末に評価機会が集中しないようにすることも大切である。バランスよく評価機会を設けるようにする。

3．評定への総括

　学期末および学年末には、観点別学習状況の評価を基にして5段階による「評定」を決定する。観点別学習状況の評価が、観点に従って評価する分析的な評価であるのに対して、評定は4つの観点を総括的に評価したものである。次の表2は、観点別学習状況の評価と評定の基準および両者の

表2　観点別学習状況の評価と評定の基準

観点別学習状況の評価	評　定
A：十分満足できると判断されるもの	5：十分満足できると判断されるもののうち、特に高い程度のもの
	4：十分満足できると判断されるもの
B：おおむね満足できると判断されるもの	3：おおむね満足できると判断されるもの
C：努力を要すると判断されるもの	2：努力を要すると判断されるもの
	1：いっそう努力を要すると判断されるもの

(筆者作成)

関係を示したものである。

　この表から、観点別学習状況の評価のAと評定の4の文言、Bと3の文言、そしてCと2の文言が、それぞれ全く同じであることが分かる。つまり、基本的には、A＝4、B＝3、C＝2である。そして、4のうち特に程度が高いものが5となり、2のうちいっそう努力を要するものが1となる。このことから、4つの観点と評定との関係は、観点別評価がBBBBの場合、評定は3以外は考えられない。観点別評価のAAAAは評定4となるのが基本で、その中で特に程度の高いものは評定5となり、観点別評価のCCCCは評定2となるのが基本で、その中でいっそう努力を要すると判断されるものは1となる。

第2節　定期テストの作り方

1.　定期テスト実施の目的

　テストには、その目的に応じてさまざまな種類がある。①評価材料にするために、それまで教えた内容を評価規準に沿って出題するもの、②入学試験のように、広い範囲の中からさまざまに出題するもの、③クラス分けをするために、幅広い難易度の問題を混在させたもの、④単語テストのように、覚えてもらいたいことを予告して出題するもの、⑤習得状況を教師が把握したり生徒に確認させたりするために、短い学習期間の内容を出題するもの、などである。定期テストは、複数の目的が混在していると言ってよいだろう。成績を付けるためだけではなく、生徒に勉強させる目的で行うと考える教師も多い。

2.　定期テストの作成手順

　定期テストを作成する際、思いついた問題を次々に入れ込むのでは良い

テストは作れない。初めに設計図を作成し、それに従って作成するのである。設計図の作り方からテスト完成までの手順を以下に示す。
　(1) 技能（領域）の出題割合を決める
　ペーパーテストで出題するのに適した領域や技能を、それぞれどのくらいの割合（配点）で出題するのかを決める。先に大枠を定めることで、バランスの良いテストになる。

　　〈設定例〉
　　・書くこと……………20点（外国語表現の能力）
　　・聞くこと……………30点（外国語理解の能力）
　　・読むこと……………30点（同上）
　　・文法事項の知識……15点（言語や文化についての知識・理解）
　　・単語や熟語の知識… 5点（同上）
　(2) どの評価規準の達成状況を評価するのかを決める
　測りたいことはたくさんあるだろうが、その中から絞って出題するようにする。1つの評価規準を測る問題を1つの小問にする。例えば、書くことの配点を20点としたのなら、評価規準により、1つの小問にしてもよいし、10点、5点、5点の配点をした3つの小問にすることもあり得る。
　(3) 各評価規準の達成状況を測るのに適した問題を考える
　具体的に問題を作成する際、テストの「妥当性」と「信頼性」という2つの重要な観点がある。前者は、測ろうとしている能力や知識を適切に測っている問題であるかという観点である。後者は、主として何度測っても同じ結果が得られるかという観点である。例えば、「文と文のつながりを考えて文章を書くことができる」という評価規準であれば、和文英訳の問題では測ることはできない。したがって、和文英訳は妥当性を欠く問題だということになる。少なくとも2文以上を書かせて、そのつながりを診る問題を作成する必要がある。一方、「自由に文章を書きなさい」という簡単な指示文の問題では、さまざまな話題についてさまざまな語数や形式で書いてしまうので、信頼性を欠く問題となってしまう。さらに、1つの問題に正答できたら評価規準を達成している、できなければ達成していないと

判断するのでは良い問題とは言えないため、信頼性を高めるには問題数をできるだけ多くするとよい。ただし、テスト時間内で終了できる問題数や内容を考えなければならない。

(4) 自由英作文、和文英訳などの採点方法を考える

あとで採点する際、誰が採点しても同じ点数となるように、採点方法を考えておく。特に、自由英作文の評価方法や和文英訳の部分点の付け方を考えておく。自由英作文については、評価のポイントが生徒に分かるように、テスト用紙にあらかじめ示しておくとよい。

(5) 解答用紙を作成する

解答用紙を作成する際、次のことに注意する。

①解答欄の大きさを十分にとる。

②語句や文を書かせる場合、解答の長さにより解答欄の大きさを変えない。解答欄の大きさがヒントにならないようにするためである。

③小問の解答欄が横と縦とで混在しないようにする。

④できれば用紙の片面だけで作成し、両面に解答欄を設けない。解答を終えたら裏返しにさせることで、終了した生徒が分かるのと、答えが見えるのを防ぐことができる。

(6) テストの最終チェックを行う

解答用紙に実際に答えを書いてみる。自分で作成したテストは客観的に診断できないことがあるので、さらに他の教員に確認してもらうか、実際に解答してもらうとよい。

第3節　話すことの評価方法

1. 話すことを評価するための形式

4技能の中で、特に話すことについての評価はあまり頻繁に行われていないのが現状である。他の技能と異なり、定期考査などのペーパーテスト

で一斉に時間をとって評価できないのがその一因であろう。しかし、話すことを適切に評価するためには、実際に話させて評価しなければならない。このためには、スピーチなどの発表を行わせる、インタビューテストを行う、などの機会を設定する。話すことの評価を学期に少なくとも2回以上は実施したい。

　話すことの能力を評価するために、一般的に行われているパフォーマンステストの形式とその留意点を示す。

　（1）インタビューテスト

　教師の質問に答えるなどのインタビュー形式のテストである。例えば、「相手の質問に対して適切な応答を行うことができる」という評価規準であれば、教師から生徒にいくつかの質問をして、その応答について評価する。「相手の言ったことに対して適切な質問をしながら会話を続けることができる」という評価規準であれば、教師と生徒が会話を行い、生徒の質問が適切であるかについて評価する。このように、評価規準によってさまざまな形式のものを設定することができる。

　こうして生徒に対して個別にインタビューを行う形式にはいくつかの問題点がある。1つ目は、時間の問題である。一人当たりに費やす時間を2分間とすると、40人の生徒を対象に評価を行うのに80分をかけることになる。生徒の人数、教師（評価者）の人数、評価にかけられる授業時数などから判断して、実行可能な形式を考えるようにする。2つ目は、他の生徒の管理がしづらいことである。テストを行った生徒を教室に戻すと、テスト内容が他の生徒に伝わったり、教室内が騒がしくなったりすることもある。複数の教師で対応する、廊下の教室が見える位置でテストを行うなど、工夫を施して行わなければならない。

　（2）スピーチ

　スピーチは教科書に必ず取り上げられているので、授業でもよく行われている。しかし、ほとんどのスピーチが、事前に準備させ、暗唱させて行

う形式である。原稿は教師が事前にチェックすれば、文法的な誤りはほとんどないはずである。したがって、発話の正確さや適切さを評価するのには適していない。しかし、「自分の意見を正しく聞き手に伝えることができる」などの評価規準を設定し、積極的に取り入れたい形式である。また、正確さや適切さを評価するために、(1)のインタビュー形式で即興スピーチを行わせる方法もある。例えば、話題を1つその場で与えて、20秒間の準備のあとにスピーチを行わせる。

発表を評価する際の問題点として、初めに行う生徒が不利になることがある。個々の生徒の発表に対して、教師はなんらかの口頭における評価や助言を与えるべきだからである。すると、あとに行う生徒が教師の評価や助言を聞いて、よりよいパフォーマンスを行えるようになる。最初に行う生徒には甘めに、後に行う生徒には厳しめに評価するなどの配慮をすることも考えたい。

(3) 暗唱

事前に教科書本文などのパッセージを指定し、暗唱での表現力を評価する。こうした活動は、暗唱させることで言語材料を定着させる目的で行うことが多い。したがって、純粋に評価のために行っているものではない。しかし、多くの時間を評価に割けない現状から、スピーチやスキットなどの発表や暗唱などの活動も、「話すこと」の評価の対象としていることが多い。

(4) 生徒どうしによる会話やディスカッション

生徒どうしで自由会話やディスカッションなどを行い、生徒の発話を評価する。話題に沿って即興で話さなければならないことから、正確な発話や適切な発話を評価するのに適している。

(5) ロール・プレイ

「ロール・プレイ」(role play 第10章第3節 2. p.177 参照)は、道案内、買

い物、入国、電話などの場面で、用意した指示に従って演じさせる形式である。スキットは暗記したものを演じさせるが、ロールプレイでは即興性が要求されるので、正確な発話や適切な発話を評価するのに適している。

2．実施例

具体的な実施方法を1つ例示する。
- 評価規準：過去のことについて尋ねる質問に正しく応答することができる。
- 実施時期：中学2年の5月
- 実施環境：ALTと日本人教師の2名で実施する。ホームルーム教室と隣にある教室を使うことができる。生徒数は30名。
- 実施方法：生徒一人につき4つの質問を投げかけ、個々の質問に2文で答えさせる。1文目は主語と動詞のある文で答える。2文目は質問に関連する情報であれば過去形を使わなくてもよい。このことは事前に生徒に告げておく。ALTが質問と評価を行う。一人につき70秒間の時間を与え、タイマーで計時する。生徒は自分の教室で待機し、日本人教師の指示により一人ずつテスト実施教室に向かわせる。テスト実施教室の前で生徒を1人待機させておく。テストを終えた生徒は自席に戻らせる。日本人教師は待機している生徒とテストを終えた生徒の活動（プリント学習）を観察・支援する。
- 評価基準：個々の質問の応答に対して次の点数を付け、A・B・Cのいずれかに総括する。

　　2点：2つの英文中に大きな誤りがなく、正しく言っている。
　　1点：どちらかの文の主語と動詞の部分に誤りがある。または2文目が適切な答えとなっていない。
　　0点：2つの英文とも主語と動詞の部分に誤りがある。または適切な答えになっていない。

　　8点満点中で、A：7点以上　B：4～6点　C：3点以下

・質問文：次の4文のうち、最初の3文については、それぞれの質問を
 交互に用いる。

> 1. Did you study [watch TV] yesterday evening?
> 2. What did you have for dinner yesterday [breakfast this morning]?
> 3. What did you do last Saturday [Sunday]?
> 4. How was your weekend?

第4節　CAN-DOリスト形式による学習到達目標

1. CAN-DOリストの経緯

　2001年にCouncil of Europe（欧州評議会）により公表された*Common European Framework of Reference for Languages: Learning, teaching, assessment*（「外国語の学習、教授、評価のためのヨーロッパ言語共通参照枠」、頭文字をとってCEFRと呼ばれる）では、「話すこと」「書くこと」などの技能をC2からA1までの6つの区分に分け、それぞれの区分でできることを能力記述文で示している。例えば、「インタビューをすること、インタビューを受けること」の参照枠では、最も高いレベルであるC2では、「きわめて上手に対話の一方を務めることができる。母語話者と比べても引けをとらず、インタビューする人かインタビューを受ける人として、堂々と、非常に流暢に話や対話を組み立てることができる」、最も低いレベルであるA1では、「個人的なことについて、慣用句的な言葉遣いもなく、ごくゆっくりとはっきりと話してもらえるなら、簡単かつ直接的な質問に答えることができる」と記述されている［吉島・大橋ほか訳・編2004］。このCEFRが、現在、さまざまなところで作成されているCAN-DOリストの基となっている。

　日本の学校教育では、2013年以降、各学校で「学習到達目標」をCAN-DOリスト形式で作成するよう求められている。これは、2011年に「外国

語能力の向上に関する検討会」がとりまとめた「国際共通語としての英語力向上のための5つの提言と具体的施策」において、各中・高等学校が学習指導要領に基づき、生徒に求められる英語力を達成するための学習到達目標を「CAN-DOリスト」の形で具体的に設定することについて提言がなされたことによる。2013年には、「各中・高等学校の外国語教育における『CAN-DOリスト』の形での学習到達目標のための手引き」が公表された。この中に、学習指導要領に基づき、観点別学習状況の評価における「外国語表現の能力」と「外国語理解の能力」について、「生徒が身に付ける能力を各学校が明確化し、主に教員が生徒の指導と評価の改善に活用すること」が作成の目的として示されている。

2. CAN-DOリスト形式による学習到達目標の作成

　外国語表現の能力である「話すこと」「書くこと」と、外国語理解の能力である「聞くこと」「読むこと」について学習到達目標を設定する。その際、卒業時の学習到達目標を設定してから、2年次、1年次の各修了時の到達目標を設定するとよい。生徒が各技能において、指導の結果、実際に何をできるようにさせられるかを頭に描き、「～することができる」という文言を用いて以下の例のように設定する。
　・日常生活に関する簡単な質問をしたり、応答したりすることができる。
　・構成がはっきりした物語や現代の文学作品の粗筋を理解することができる。
　学習到達目標と評価規準の違いについては、かなり微妙なところがある。評価規準は評価を行うためのものであるので、単元ごとに設定することが基本となる。したがって、「過去形を用いて自分が先週したことについて説明する文を正しく書くことができる」のように詳細になるが、学習到達目標では、「経験したこととその感想について文章を書くことができる」のように、いくつかの単元で指導することを想定して設定するとよい。

おわりに

　実際に教壇に立ち、多くの経験を積まなければ、適切な指導や評価ができるようにはならない。指導者であっても学習者であっても、失敗から学んでいくものである。大学を卒業したばかりの教師であってもベテランの教師であっても、自分の指導と評価に責任を持つという点では変わりはない。評価をしっかりと行うとすると、その準備や処理などに多くの時間がかかる。仕事量を増やすことになる。「忙しくてそんなことはできない」とよく耳にする。手を抜いた指導や評価をよく目かける。しかし、教師は、生徒のために何が大切かということを考え、精いっぱいのことをするべきである。適切な評価を行うには、その知識が必要である。いくつかの書籍を読んで、しなければならないこと、できそうなことから実際にやってみてほしい。

引用・参考文献

　　国立教育政策研究所「評価規準の作成、評価方法等の工夫改善のための参考資料」2013年、2014年

　　根岸雅史・東京都中学校英語教育研究会編著『コミュニカティブ・テスティングへの挑戦』三省堂、2007年

　　本多敏幸『到達目標に向けての指導と評価――中学校英語科』教育出版、2003年

　　本多敏幸『若手英語教師のためのよい授業をつくる30章』教育出版、2011年

　　文部科学省初等中等教育局「各中・高等学校の外国語教育における「CAN-DOリスト」の形での学習到達目標設定のための手引き」2013年

　　吉島茂・大橋理枝ほか訳・編『外国語の学習、教授、評価のためのヨーロッパ共通参照枠』朝日出版社、2004年

Council of Europe *Common European Framework of Reference for Languages: Learning, teaching, assessment,* 3rd printing, Cambridge University Press, 2002（吉島 茂・大橋理枝ほか訳・編『外国語教育Ⅱ 外国語の学習、教授、評価のためのヨーロッパ共通参照枠』朝日出版社、2004年）

第 3 部

語彙・文法・4技能の指導

第 8 章

語彙の学習と指導

はじめに

「語彙」本来の意味は、一つの言語、一人の人、一つの作品などが有している単語（語）の総体である。「あの人は語彙が貧困だ」と言うときの「語彙」はこの意味で使われており、英語で vocabulary に相当する。一方、日常的に「語彙」という語は、個々の語を表す際にも使われることがある。「私はこの語彙の意味を知らない」「この文章には難しい語彙が使われている」と言うときの「語彙」はこの意味で使われており、英語では word(s) または lexical item(s) に相当する。本章においては、基本的に「語彙」を vocabulary の意味で用い、「語」を word(s) の意味で用いる。「語彙知識」（lexical knowledge）という場合には、さまざまな語の知識の総体と、個々の語についての知識の両方を指す。本章では、第 1 節で語彙知識について概観し、第 2 節で語彙の学習法、第 3 節で語彙の指導法を紹介・考察する。

第1節　語彙知識

語彙知識には大きく分けて、①広さ（breadth）、②深さ（depth）、③速さ（fluency）の3つの側面がある［門田ほか編著2014］。本節では、各側面について概説する。

1. 語彙知識の広さ

語彙知識の広さは「語彙サイズ」（vocabulary size）とも呼ばれ、学習者が知っている語の総数を指す。なお、以下に示すように語の数え方にはさまざまな方法がある［Nation 2001］ので注意が必要である。

（1）延べ語数（token）

「延べ語数」は、英文に含まれている単語を全て一つ一つ数えたものであり、"running words" という用語が使われることもある。例えば、"Do you have your passport with you?" という文は、延べ語数7語から成る文である。速読指導などで読みの速さの指標として使われる WPM（words per minute）は、読んだ総語数を読むのに要した時間（分）で割って算出するが、この場合の総語数は「延べ語数」である。

（2）異なり語数（type）

「異なり語数」は、同じ語が繰り返し使われている場合に重複して数えない数え方である。前述の "Do you have your passport with you?" という文においては、2回出現する "you" を1語と数えるため、「異なり語数」は6語となる。

（3）レマ（lemma）

「レマ」は、語の「基本形」（base word）と「屈折形」（inflectional form）を

まとめて1語とみなす概念である。屈折形とは、動詞の基本形が人称・数・時制・法・態によって語形変化したものや、名詞・代名詞・形容詞の基本形が性・数・格などによって語形変化したものを指す。レマによる数え方では、例えば "happy" とその比較級の "happier" および最上級の "happiest" は、合わせて1語となる。ただし、「接辞」("un-" "-ly" "-ness" など) が付いた「派生形」(derivational form) や、同じ語形であっても品詞が異なる場合は、別の語として数えるのが一般的である。例えば、"unhappy" と "happily" をそれぞれ別の語と数え、"take a walk" の "walk" と "walk a dog" の "walk" も別の語として数える。"Do you have your passport with you?" の文では、2回出現する格の異なる "you" と "your" を1語として数えるために5語になる。なお、品詞は同じだが異なる綴りを持つ "favor" や "favour" は、まとめて1語として数える。

(4) ワード・ファミリー (word family)

「ワード・ファミリー」は、ある語の屈折形と派生語を全てその語の家族として捉え、1語と数える数え方である。この方法では、"happier" "happiest" "unhappy" "happily" "happiness" "unhappiness" などは全て基本形 "happy" のワード・ファミリーであると考え、まとめて1語として数える。教養のある英語母語話者は、ワード・ファミリーで少なくとも2万語を知っており、英語を母語とする子どもは1年間にワード・ファミリーで1000語を獲得していくという [Nation 2001]。

我々が指導すべき語数について論じる際には、どのような数え方を前提としているのかをお互いに確認しておく必要がある。

2. 語彙知識の深さ

語彙知識の「深さ」とは、個々の語について、その意味だけでなく、どの程度よく知っているかという部分に目を向けた質的な捉え方である。そもそも「語を知っている」とは、何を知っていることを意味するのだろう

表1　語彙知識の側面（[Nation 2001] p.27を改編）

形	音声	受容	その語はどのように聞こえるか
		発表	その語をどのように発音するか
	綴り	受容	その語はどんな語形をしているか
		発表	その語はどのように綴られるか
	語構成	受容	その語の中でどの部分が認識できるか
		発表	その語の意味を表すためにどの部分が必要か
意味	語形と意味	受容	その語はどんな意味を表しているか
		発表	その意味を表すのにどんな語形を使用できるか
	概念と指示物	受容	その概念には何が含まれるか
		発表	その概念をどんな言葉で言及するか
	連想	受容	その語はどんな語を連想させるか
		発表	その語の代わりにどんな語を使えるか
使用	文法的機能	受容	その語はどんな文型で使用されるか
		発表	その語をどんな文型で使用しなければいけないか
	コロケーション	受容	その語といっしょにどんな語が使用されるか
		発表	その語とどんな語をいっしょに使用しなければいけないか
	使用の制約	受容	その語をいつどこでどれくらい頻繁に目にするか
		発表	その語をいつどこでどれくらいの頻度で使用できるか

出典：[相澤・望月編 2010] p.9

か。「語を知っている」とは、語を「形」(form)、「意味」(meaning)、「使用」(use) の3つの側面から知っているということであり、それぞれの知識はさらにいくつかの側面に細分化されるという [Nation 2001]。また、読んだり聞いたりして理解できる「受容」(receptive) レベルの知識なのか、書いたり話したりできる「発表」(productive) レベルの知識なのかという観点からも分類することができ（表1）、受容語彙は発表語彙の2倍ほどになると考えられている。

　語彙を学ぶことを、語の「綴りと発音と意味を学ぶこと」のように単純に捉えたまま指導することのないよう気をつけるとともに、教科書等を通して生徒が出会う語について、発表レベルまで習得させることを目指すものなのか、受容レベルまで習得させることを目指すものなのかを区分けし、指導の際に重みづけをすることも大切である。

3. 語彙知識の速さ

コミュニケーションにおいて語彙知識が実際に「使える」ためには、「広さ」と「深さ」に加えて、「速さ」(fluency) が重要であると考えられている。門田らによると、「広さ」や「深さ」が語彙知識の正確さ (accuracy) に関わる側面であるのに対し、「速さ」は、ある語の情報を必要に応じていかに素早く正確に引き出して使うことができるかどうかという「流暢性」に関わる側面である。そして、この語彙運用の流暢性は、明示的な顕在学習ではなく、大量のインプットを処理する多読・多聴や「シャドーイング」（第10章 第1節 2. p.167-168参照）などの繰り返し練習を通した無意識的な潜在学習により獲得されると述べている［門田ほか編著 2014］。

第2節　語彙の学習

1. 意図的学習と偶発的学習

語彙学習には、特定の単語を定着させる目的を持って直接的に学習する「意図的学習」(intentional learningまたはdeliberate learning) と、触れているうちに意図せずとも覚えてしまう「偶発的学習」(incidental learning) があるが、どちらの学習法も車の両輪のように必要不可欠である［相澤 2014］。意図的学習の必要性の根拠としては、多量の英文を読んでも偶発的に学習できる語数が限られていることが挙げられることが多い。例えば、2000語を獲得するためには約800万語に相当するテキストに触れる必要があるという［Hill & Laufer 2003］。日本のような日常的なコミュニケーション場面で英語を使用する必要性のないEFL環境においては、意図的学習は必須のものと言えよう。既成または自作の単語帳などを用いて語のつづりや例文を暗記する方法は、典型的な意図的語彙学習である。

一方、偶発的学習に関しては、生徒が「聞きたい」「読みたい」と思うよ

うな英文に多量に触れさせる「多聴」「多読」を積極的に取り入れたり、タスクに変化をもたせながら既習の英文を何度も繰り返し活用させたりする過程で、生徒が英文中の語の「形」「意味」「使用」に注意を払い、なんらかの気づきを得ることで語彙の習得が促進されるような学習環境をデザインすることが教師の重要な役割となる。

2. 語彙学習ストラテジー

　学習者は語彙を学習する際に、さまざまな方法（語彙学習ストラテジー）を用いる。最適な方法は学習者一人ひとり異なるため、教師は学習者にできるだけ多様な方法を紹介し、その中から学習者が自分に合ったものを自ら取り入れるように導くとよい。以下では特に、よく使われる語彙学習ストラテジーを概説する。

（1）単語カード法（vocabulary cards）

　単語カードを活用した語彙学習法は、特に成人の初級学習者が語彙を急速に増強させるのに有効であると考えられている。小さなカードの片面にターゲットとなる語を、もう片側に母語による訳語を書くというシンプルな使い方から、フレーズを併記したり、以下に記すキーワード法や語形成分析法のような記憶術と併用するなど、さまざまな活用法が考えられる〔Nation & Newton 2009〕。

（2）キーワード法（keyword technique）

　キーワード法は「単語の意味を覚える際に、ターゲット語のスペリングや発音が類似する母語の単語をキーワードとして利用する方法」〔門田・池村編 2006 p.83〕であり、意図的語彙学習法の一つとされている。日本語が母語の英語学習者は、発音の類似するキーワードを活用し、例えば「mustache → 鱒（ます）→ 鱒の口 → 口ひげ」のようにイメージを膨らませて、ターゲットである "mustache"（口ひげ）を記憶しようとする。市販の英単語帳

の中にも、「assassinate → 朝死ねーと暗殺する」「abandon → あ、晩だと勉強捨てる」のような「語呂合わせ」を活用したもの [武藤 1998] が多数出版されているが、これもキーワード法の一種と言える。

(3) 語形成分析法（word part analysis）

「"unhappiness" は、形容詞 "happy" に否定の接頭辞 "un-" を付けた "unhappy" に、名詞を作る接尾辞 "-ness" を付けた語である」というように、語の構成要素の知識を活用して語彙を増やしていく方法である。日本人英語学習者が最も早く習得する接辞は "re-" "un-" "pre-" "-ation" "-ful" "-ment" であり、これらの接辞を教えることが、学習者の語彙の増強に有効であるという研究結果がある [望月・相澤・投野 2003]。また、語源に関する情報から語の成り立ちを理解し、語彙力増強に活用する方法もある。例えば、"-logy" は語源的に「学問」を表す言葉であることを理解していると、"bio" (=life)、"geo" (=earth) や "psycho" (=mind) などを付けた "biology"（生物学）、"geology"（地学）や "psychology"（心理学）が個々の独立した英単語ではなく、学問に関連した語彙グループであることが分かり、ネットワーク化して効率的に覚えることができる。

第3節　語彙の指導

1. 学習指導要領における指導すべき語彙

学習指導要領の改訂のたびに、言語材料における指導すべき語数は変化してきた。表2は、法的拘束力のある学習指導要領が初めて出された1958年以降の語数の変遷を年代別に示したものである。

2008年（中学校）および2009年（高等学校）の学習指導要領の改訂によって、中学校3年間で指導する語数は「900語程度までの語」から「1200語程度の語」に増加した。『中学校学習指導要領解説外国語編』には、増加

表2　学習指導要領における語数の変遷

	中学校 指導語数（共通語数）	高等学校 指導語数	合計 指導語数
1960年代	1100〜1300（520）	1500〜3600	2600〜4900
1970年代	950〜1100（610）	2400〜3600	3350〜4700
1980年代	900〜1050（490）	1400〜1900	2300〜2950
1990年代	1000（507）	1400	2400
2000年代	900（100）	1300	2200
2010年代	1200	1800	3000

出典：文部科学省資料「学習指導要領に規定された指導する語数の日中韓比較」を参考に作成

　の理由として「より豊かな表現を可能にし、コミュニケーションを内容的にもより充実できるようにするため」（p.30）や「語彙の充実を図り、授業時数が105時間から140時間に増加されたことと相まって、一層幅広い言語活動ができるようにするため」（p.34）と記されている。

　中学校の各検定教科書で使用している「異なり語数」の調査によると、2012年度版ではいずれの教科書も1200語を大きく上回り、最多で1619語、最小でも1341語であった［相澤2013］。日本の中学校教科書とアジアの教科書の異なり語数の比較調査においては、「韓国・台湾は日本の約2倍の語彙量、中国は日本の2〜3倍の語彙量に触れている」［投野2008］という格差があったが、2016年度版の中学校教科書とアジアの教科書で比較したところ、日本の教科書の語彙サイズが格段に増加したため、ほぼ韓国・台湾に並んだことが確認された［投野2015b］。しかしながら、日本の中学校教科書では、かなり難度が高いと考えられる語が出現していることや、教科書各社が選定している語彙に統一感がないことが問題点として挙げられている。

2．語彙の導入と定着のための指導

（1）語彙の導入

　授業において教師が新語を導入する際には、以下のいずれかを単体または組み合わせて用いることが多い。

①日本語訳
　②実物・写真・絵・ジェスチャー
　③英語の定義文
　④文脈の中での提示(オーラル・イントロダクション)
　⑤例示

　①は、語彙の導入方法として最も一般的なものであり、フラッシュカードや、語彙リストを記載したワークシートを用いる場合も多い。手軽な方法であるが、訳語を与えることは、本章第1節の2で確認したように、多様な語彙知識の一部のみを与えているにすぎないことを教師は理解しておく必要がある。

　②は、実物や視覚的補助(visual aids)などを指差しながら、目標とする語を生徒に繰り返し聞かせることで、訳語を与えずにその語の意味を伝える方法である。抽象的な意味を持つ語をこのような形式で導入する場合には、適切な写真や絵を精選して提示しないと生徒を混乱させてしまうことがあるので注意が必要である。

　③は、日本語訳を与える代わりに、その語の定義を英語で与える方法である。生徒にとって分かりやすい定義を探す際には、基本的な2000語程度で定義が書かれた学習英英辞典が便利である。例えば、*Longman Dictionary of Contemporary English, 6th Edition* には、"fear" の定義文が "the feeling you get when you are afraid or worried that something bad is going to happen" と記載されている。

　④の典型的な方法は、英語を用いて生徒と口頭でやり取りをしながら、目標とする語が使われる場面や文脈を与え、生徒が文脈からその語の意味や用法を推測できるように導く「オーラル・イントロダクション」(oral introduction; OI) である。OIによる語の導入では、②の視覚的補助も同時に活用し、生徒の既習の語・文法事項でやり取りしながら、目標とする語の推測ができるように導いていく。例えば、"medicine"(薬)という語をOIで導入する場合は、以下のような英語のやり取りを生徒と行う。

> T: （体調の悪そうなジェスチャーをしながら）How do I look?
> S1: You look sick.
> T: Yes, actually I am really sick. I want to go to see a doctor, but look!（カレンダーの日曜日を指差しながら）What day is it today?
> S2: It's Sunday.
> T: That's right. It's Sunday today and all the hospitals are closed. So I will go to this place（学校の近所の有名なドラッグストアの写真を提示し、ドラッグストアを指差して）Do you know this place? I will go to this place to buy *medicine*. I will go to this place to buy（ゆっくりとはっきり発音して）*medicine*.（指でつまんだ錠剤を飲むジェスチャーをしながら）If I take *medicine*, I will feel better.（錠剤を飲んで、元気になるジェスチャーをする）If I take *medicine*, I will feel better.（錠剤を指に挟んでいるジェスチャーをしながら）*Medicine*. Class?
> Ss: *Medicine*.
> T: Louder! *Medicine*.
> Ss: *Medicine*.

⑤では、目標となる語を表す具体例を提示することで、生徒に意味を推測させる。例えば、"medicine" を導入したい場合に、生徒がよく知っていそうな錠剤、軟膏や目薬の実物や写真などを例として見せたり、名前を列挙してから、"They are *medicines*." と口頭で言って聞かせたりする。門田・池村編著（2006）や相澤・望月編著（2010）には語彙導入ための実践例が多数掲載されており、参考になる。

(2) 語彙の定着

ある語の「形」「意味」「使用」の3つの側面を正しく理解し、学習したとしても、そのあとでその語に繰り返し触れる機会がなければ、すぐに忘れてしまう。最も単純な語彙の反復学習としては、フラッシュカードやビンゴ、ワークシートを活用したものがある。本多（2009; 2011）には、フラッシュカードの作り方や効果的なフラッシュのさせ方が写真付きで説明され、北原（2010）にはビンゴを活用した活動がさまざま紹介されており、

参考になる。また、相澤・望月編著 (2010) や田辺 (2012) には、単語とその日本語訳や英語の定義を掲載したワークシートや、クロスワードパズルを使ったペアワークなど、さまざまな語彙定着の活動が紹介されている。このような意図的学習を促進するような指導に加え、多読指導等により、生徒が接する語彙の量を増やし、また語彙のさまざまな使われ方に触れさせることも、語彙の定着のために役立つと考えられている。

3. 辞書指導

　学習者に自律的に語彙を学ばせるための不可欠なツールとして辞書がある。語彙の指導において辞書指導は極めて重要であり、2008年版中学校学習指導要領には、指導計画の作成上の配慮事項として「辞書の使い方に慣れ、活用できるようにすること」という記述がある。2009年版高等学校学習指導要領でも、内容の取り扱いに当たっての配慮事項として「辞書の活用の指導などを通じ、生涯にわたって、自ら外国語を学び、使おうとする積極的な態度を育てるようにすること」が挙げられており、自律学習への備えとしての辞書指導の重要性が明記されている。

　北原 (2010) には、「辞書指導は、1年1学期アルファベット小文字導入直後から始める」、「辞書を使うこと自体が小文字の定着を促進するので、小文字の定着を待つ必要はない」、「最初は毎時間辞書を使う場面を作る」、「辞書は2冊用意させる」、「辞書を縦に読むことを教える」など、辞書指導の際のポイントが具体例とともに多数列挙されており、中学校における辞書指導のノウハウを具体的に知ることができる。また日臺 (2009) には、中学生に実際に辞書を引かせながら語彙力を向上させるための「教室で使えるワークシート」が多数用意されており、授業で活用できる。辞書の引き方を段階的に分かりやすく指南する書籍 [磐崎 2002; 関山 2007] も出版されているので、これらの書籍を参考にしつつ、入門期や高校入学時のガイダンス時などに、授業の中で辞書指導を行う時間を特別に設け、生徒が辞書をツールとして十分活用できるようにしておくとよい。高校段階では、

英和辞典や和英辞典に加えて英英辞典も活用できるように、語の定義からその語を当てるゲーム（例：*Oxford Advanced Learner's Dictionary, 8th Edition* 記載の定義 "a large powerful animal of the cat family, that hunts in groups and lives in parts of Africa and southern Asia" から "lion" を当てる）などの活動をさせ、英語による定義に慣れ親しませたい。

4．語彙指導におけるコーパスの活用

「コーパス」（corpus）とは、「何らかの言語母集団を代表する標本になるような明確なデータ収集計画に基づいて収集され、かつ、効率的なデータ検索ができるように適切な形で電子化されたデータベース」[石川 2014] を指し、言語学のみならず英語教育においても活用されている。

コーパスは「汎用コーパス」と「特殊コーパス」に大別される。「汎用コーパス」は、さまざまな言語研究に対処できるように多種多様なソースからバランスよく集められ電子化されたものである [赤野・堀・投野編著 2014]。1億語のイギリス英語コーパス BNC（British National Corpus）や、5億2000万語以上（2016年7月15日現在）を有するアメリカ英語コーパス COCA（Corpus of Contemporary American English）が有名で、これらはアメリカのブリガム・ヤング大学のウェブサイト CORPUS.BYU.EDU（http://corpus.byu.edu/ 2016年7月15日現在）でユーザー登録すれば無料で使用できる。汎用コーパスでは、特定の語がどのような語と結びつきやすいか、すなわちコロケーションを調べたり、類義語の使い分けを調べたりすることが容易にでき、生徒はもちろん、語彙指導をする教師にとっても有用なツールとなっている（調べ方の具体的方法は、衣笠（2010; 2014）が詳しい）。

一方の「特殊コーパス」は、特定の言語研究の目的に限定したコーパスで、「学習者コーパス」（learner corpus）がこれに含まれる。英語の学習者コーパスは、英語学習の各段階での英語の使用の状況を観察できるので、学習した内容を実際に使えるかどうかを確認したり、どのような誤用が多いかなど、習得段階別の特徴を捉えるのに利用することができる [赤野・

堀・投野編著 2014]。日本の中高生による自由英作文を1万件、約67万語集めたオンライン上の無償コーパスであるJEFLL Corpus（http://scn.jkn21.com/~jefll03/jefl_top.html）や、日本人英語学習者1281名分の発話データ200万語収録のNICT JLEコーパス（http://alaginrc.nict.go.jp/nict_jle/）は、いずれもオンライン上の無償コーパスである（共に2016年7月15日現在）。これら英語学習者コーパスの具体的な活用例は、和泉・内元・伊佐原編著（2004）や投野・金子・杉浦・和泉編著（2013）に詳しい。

　コーパスは、語彙の解析によって、どのような語を優先的に指導すべきかの判断材料を提供してくれる。投野によると、1億語のイギリス英語コーパスBNCの話し言葉1000万語のデータを解析した結果、出現頻度の高いトップの100語だけで、1000万語データ全体の67％を占めていたという［投野2015a］。このトップ100語は "be" "have" "do" "get" "go" "say" "know" のような基本動詞（20％）と、接続詞・代名詞・前置詞・冠詞などの機能語（70％）がほとんどで、内容語である名詞・形容詞は10％ほどしかない。トップ2000語まで解析すると、書き言葉で8割、話し言葉では約9割をもカバーするという。投野は、基本2000語の語彙のうち、文法の核を構成するトップ100語の「幹」となる語と、残りの1900語の「枝葉」の語をセットで覚えさせることを提唱している［投野2015a］。単語は単独では存在しないので、相性のよい語と語のかたまり（チャンク）で覚えさせることが、発信力をつける英語語彙指導にとって重要であるという。例えば、"notice"（～に気づく）という語を、受容語彙レベルにとどまらずに発表語彙として使いこなせるようになるためには、"notice" を幹の単語とし、"difference"（違い）、"change"（変化）、"problem"（問題）などの枝葉の単語とセットにして覚えることを薦めている。

　また、語彙指導において、生徒が英語による自己表現の際にどのような語を使いたいのかというニーズを教師が把握しておくことは重要である。日臺（2009; 2012）は、英語学習者が英語で言いたかったが、言えずに諦めてしまった表現を多量に収集し、その日本語表現をALT（assistant language teacher、英語指導助手）と英訳し、日本語と英語表現との一対一対応

のコーパスを作成した（例：「おみくじを引いた」→ "I drew my fortune slip at the shrine." や「神社に厄除けに行きました」→ "I went to the shrine to get rid of my bad luck." など）。この「日本人英語学習者のための日英パラレル・コーパス」はネット上に公開されており（http://www.tamagawa.ac.jp/research/je-parallel/）、2016年7月15日現在、3148件ほどの日本語表現とその英訳が収められている。

おわりに

　語彙の学習と指導の方法は多様であり、いずれが学習者の語彙の定着に有効であるかについては研究の途上にある。しかしながら、確実に言えることは、万人に有効な唯一の学習法・指導法というものはないということである。教師は多様な語彙学習の方法を生徒に体験させる機会を十分設けるようにしたい。そのような機会を通して、学習者は自分にとって最適な語彙学習ストラテジーを選び取っていく。そうした学習環境をデザインすることが英語教師に求められていると言えよう。

引用・参考文献

相澤一美「新指導要領下の語彙指導をどう進めるか」『英語教育』2013年2月号、pp.10-12

相澤一美「語彙学習方法」『英語教育学の今——理論と実践の統合』（全国英語教育学会第40回研究大会記念特別誌）2014年、pp.152-155

相澤一美・望月正道編著『英語語彙指導の実践アイディア集』大修館書店、2010年

赤野一郎・堀正広・投野由紀夫編著『英語教師のためのコーパス活用ガイド』大修館書店、2014年

石川慎一郎「コーパス研究の動向と活用」『英語教育学の今――理論と実践の統合』全国英語教育学会第40回研究大会記念特別誌、2014年、pp.164-167

和泉絵美・内元清貴・井佐原均編著『日本人1200人の英語スピーキングコーパス』アルク、2004年

磐崎弘貞『英語辞書力を鍛える』DHC、2002年

外国語能力の向上に関する検討会「指導する語数の日中韓比較」第2回会議 2010年12月16日配布資料 http://www.mext.go.jp/b_menu/shingi/chousa/shotou/082/shiryo/_icsFiles/afieldfile/2011/01/31/1300649_04.pdf（2016年7月15日閲覧）

門田修平・池村大一郎編著『英語語彙指導ハンドブック』大修館書店、2006年

門田修平・野呂忠司・氏木道人・長谷尚弥編著『英単語運用判定ソフトを使った語彙指導』大修館書店、2014年

北原延晃『英語授業の「幹」をつくる本〔上巻〕』ベネッセコーポレーション、2010年

衣笠忠司『Google検索による英語語法学習・研究法』開拓社、2010年

衣笠忠司『英語学習者のためのGoogle・英辞郎検索術』開拓社、2014年

関山健治『辞書からはじめる英語学習』小学館、2007年

田辺博史「語彙指導」金谷憲編集代表『英語授業ハンドブック〈高校編〉DVD付』大修館書店、2012年、pp.139-147

投野由紀夫・金子朝子・杉浦正利・和泉絵美編著『英語学習者コーパス活用ハンドブック』大修館書店、2013年

投野由紀夫「アジア各国と日本の教科書比較」2008年5月16日 教育再生懇談会会議資料 http://www.kantei.go.jp/jp/singi/kyouiku_kondan/kaisai/dai3/2seku/2s-siryou3.pdf（2016年7月15日閲覧）

投野由紀夫『発信力をつける新しい英語語彙指導：プロセス可視化とチャンク学習』三省堂、2015年a.

投野由紀夫「CAN-DOリスト利用の方法と課題」2015年12月11日（2015年b）　中教審教育課程部会外国語ワーキンググループ第3回資料　http://www.mext.go.jp/b_menu/shingi/chukyo/chukyo3/058/siryo/_icsFiles/afieldfile/2016/01/08/1365351_2.pdf（2016年7月15日閲覧）

日臺滋之『中学　英語辞書の使い方ハンドブック』明治図書、2009年

日臺滋之「日本人中高生の自己表現活動を支える日英パラレル・コーパスの構築とその活用」2009～2011年『科学研究費補助金研究成果報告書（挑戦的萌芽研究　課題番号21652056、研究代表者：日臺滋之）』2012年　http://kaken.nii.ac.jp/ja/file/KAKENHI-PROJECT-21652056/21652056seika.pdf（2016年7月15日閲覧）

本多敏幸「語彙」金谷憲編集代表『英語授業ハンドブック〈中学校編〉DVD付』大修館書店、2009年、pp.141-147

本多敏幸『若手英語教師のためのよい授業をつくる30章』教育出版、2011年

武藤骓雄『英単語連想記憶術』青春出版社、1998年

望月正道・相澤一美・投野由紀夫『英語語彙の指導マニュアル』大修館書店、2003年

Hill, M. & Laufer, B. "Type of task, time-on-task and electronic dictionaries in incidental vocabulary acquisition," *International Review of Applied Linguistics in Language Teaching*, 41-2, 2003, pp.87-106

Nation, I.S.P. *Learning Vocabulary in Another Language*, Cambridge, UK: Cambridge University Press, 2001

Nation, I.S.P. & Newton, J. *Teaching ESL/EFL Listening and Speaking*, Routledge, 2009

Walters, J. & Bozkurt, N. "The effect of keeping vocabulary notebooks on vocabulary acquisition," *Language Teaching Research*, 13-4, 2009, pp.403-423

第9章

文法の学習と指導

はじめに

　外国語教育における文法指導については、これまで数多くの研究が行われ、また、さまざまな実践が積み重ねられてきた。文法指導のアプローチには、大別して次の3つが認められる。

①「明示的文法指導」(explicit grammar teaching)
②「機械的ドリル」(mechanical drill)
③「コミュニカティブな文法指導」(communicative grammar teaching)

　①は、言語の形式や構造について学習者に解説し、それを理解させることで意識的・分析的な学習を促す指導であり、典型例は塾での文法指導や文法書の記述などである。②は、練習によって文型や構文に慣れさせ、言語の形式や構造を意識しないで発話できるように導く指導であり、典型例は「パターン・プラクティス」(本章第2節2. pp.152-154参照)である。③は、現実の言語コミュニケーションに近い場面やタスクを設定して、言語活動を通して文法を自然に習得させようとする指導であり、近年の英語

教育においても最も重視されている理念を体現するアプローチである。①と②は「形式中心の」(form-focused) 文法指導であり、③は「意味中心の」(meaning-focused) 文法指導である。

　本章では、第1節で明示的文法指導、第2節で機械的ドリル、そして第3節でコミュニカティブな文法指導について概観し、第4節で帰納的文法指導と演繹的文法指導について述べる。

第1節　明示的文法指導

1. 言語習得における役割

　母語においては誰もが、規則を説明することはできなくても、規則に従って言語を使用する能力を持っている。例えば、日本語の母語話者は、助詞の「は」と「が」の違いを説明することはできなくても、両者が使われた発話を理解し、両者を適切に使い分けることができる。こうした能力を「暗示的知識」(implicit knowledge) と呼ぶ。一方、言語学を学んだ人ならば、助詞「は」と「が」の違いを説明することもできるだろう。このように言語を分析したり説明したりすることのできる能力を「明示的知識」(explicit knowledge) と呼ぶ。明示的文法指導とは、文法解説などによって学習者に言語の形式や規則に関する明示的知識を与える指導である。

　かつては、クラッシェン (Stephen Krashen) のように、明示的文法指導の効果や明示的知識の役割を極めて限定的に捉える研究者もいたが [Krashen 1982; 1985]、現在は、学習者の年齢や文法項目の性質など、ある条件の下で必要ないしは有効であるとの考え方が広く認められるようになってきた。ただし、中核となるべきなのは意味中心の指導であり、必要に応じて言語形式に焦点を当てた指導を取り入れるのがよいという考え方が主流であり、ロング (M. H. Long) はそうしたアプローチを「フォーカス・オン・フォーム」(focus on form) と呼び、従来型の形式中心の文法指導を「フォーカス・

オン・フォームズ」(focus on forms) と呼んで区別した [Long 1991]。

2. 指導例

(1) 母語との対比

　英語の文を「理解」(comprehend) する際には、できるだけ母語を介さない「直解」が望まれるうえ、それは「慣れ」によってかなりの程度まで実現可能であるのに対し、英語の文を「産出」(produce) する際には、上級者であっても母語をいっさい介さずに「英語で考える」ことは難しい。母語の力は強力であり、発話の際の概念の形成もその言語化も、母語と密接に結びついているからである。日本語と英語の違いについて、必要に応じて明示的に説明するとともに、英語の文や句・節を日本語との対比を基に組み立てていく練習を採り入れたい。本項では、次の3項目を挙げておく。

「主語＋述語動詞」に慣れる

　日本語は述語動詞が文末に来る「SOV 言語」であるが、英語は述語動詞が主語の直後に来る「SVO 言語」である。英語の文の生成においては、「主語＋動詞」の連鎖を作ることが最重要課題となる。以下に例を示す。

> (1)「私は昨日家族といっしょにディズニーランドに行きました」を英訳する。
>   ①日本語を英語の語順で表す：
>   私は／行きました／ディズニーランドに／家族といっしょに／昨日
>   ②英語に訳す：I went Disneyland with family yesterday.
>   ③細部を整える：I went to Disneyland with my family yesterday.

「主題＋コメント」構造から脱却する

　日本語の文の基本構造は、一つの主題を提示して、それについてコメントを加えていく「主題＋コメント」(topic-comment) 構造であるのに対して、英語の文の基本構造は「主語＋動詞」(subject-verb) 構造である。英語の文構造に慣れるには、日本語の「主題＋コメント」構造を英語の「主語＋動詞」構造に変換する練習が有効であると考えられる。以下に例を2つ示す。

> (1)「明日は英語のテストです」という意味を英語で表す。
>   ①日本語の発想を変える：私は明日英語の試験を受けます。
>   ②日本語を英語の語順で表す：私は／受けます／英語の試験を／明日
>   ③英語に訳す：I take English test tomorrow.
>   ④細部を整える：I'm going to take an English test tomorrow.
> (2)「象は鼻が長い」という意味を英語で表す。
>   ①日本語の発想を変える：象は長い鼻を持っている。
>   ②日本語を英語の語順で表す：象は／持っている／長い鼻を
>   ③英語に訳す：Elephant has long nose.
>   ④細部を整える：An elephant has a long trunk.

後置修飾構造に慣れる

　日本語では全ての修飾語が被修飾語に前置されるのに対して、英語では「形容詞＋名詞」の構造を除いて、多くが後置修飾である。特に「名詞句＋分詞句」「名詞句＋関係節」などの後置修飾構造の訓練を入念に行いたい。以下に日本語と英語の対比例を示す。

> 太郎からの<u>手紙</u>　　　→　<u>a letter</u> from Taro
> <u>すべきこと</u>　　　　→　<u>things</u> to do
> その町に住んでいる<u>人々</u>　→　<u>people</u> living in the town
> 英語で書かれた<u>本</u>　　→　<u>a book</u> written in English
> 私が駅で会った<u>女性</u>　→　<u>the woman</u> (that) I met at the station

(2) 英語の中での関連表現の対比

　「対比」は、日英の言語間だけではなく、英語の中の規則間でも利用したい。中・高等学校で扱う文法事項において、類似した言語形式が異なる意味や機能を持つ例を以下に示す。

> (1) 現在分詞と動名詞
>   例：My brother is playing the piano.　（playing は現在分詞）
>   　　My hobby is playing the piano.　　（playing は動名詞）
> (2) 存在を表す2つの文構造

第9章　文法の学習と指導

```
        例：The book is on the desk.        （主語＋動詞＋前置詞句）
            There is a book on the desk.   （there構文）
    (3) 文と名詞節
        例：The boy broke the window.       （文）
            the boy who broke the window   （名詞節）
```

(3) 規則発見学習

　教師による文法解説は、その場で生徒に理解されたとしても、やがて忘れられてしまうことも多い。記憶の定着を促す方法として、規則を生徒に発見させる方法がある。例えば次のような文例のリストから、どのような場合に動詞の語尾に –s が付くのかを生徒に発見させるような方法がある。

```
    I like tennis.                      I play tennis.
    We like tennis.                     We play tennis.
    You like tennis.                    You play tennis.
    Hiroshi likes tennis.               Hiroshi plays tennis.
    He likes tennis.                    He plays tennis.
    Tomomi likes tennis.                Tomomi plays tennis.
    She likes tennis.                   She plays tennis.
    Hiroshi and Tomomi like tennis.     Hiroshi and Tomomi play tennis.
    They like tennis.                   They play tennis.
```

3. 指導上の留意点

　明示的文法指導を行うに当たっては、いくつか重要な注意点がある。
　第1に、説明だけに終わらず十分なインプットと練習量・活動量を確保する必要がある。文法説明はあくまで文法指導の補助であり、説明によって得られる明示的知識も、言語習得や言語運用のサポート役にすぎない。
　第2に、文法解説は全ての学習者に有益であるとは限らない。特に年齢の低い学習者や分析的思考の苦手な学習者には有効に機能しにくい。

第3に、正確な解説と分かりやすい解説は両立しにくい。文法規則を正確に説明しようとすると複雑になってしまい、生徒に「不理解」をもたらすおそれがある。一方、簡潔で分かりやすい解説は不正確になりがちで、「誤解」をもたらすおそれがある。後者の例として、「分詞が単独の場合には名詞の前に置き（例：a sleeping baby）、他の語句といっしょの場合には名詞の後ろに置く（例：a baby sleeping on the bed）」という説明が挙げられる。これには例外が少なからずあり、不正確な説明である。「誤解」を招く指導は、誤解している学習者が誤解していることに気づかないため、「不理解」を招く指導以上に罪が重いとも言え、十分な注意が必要である。

第2節　機械的ドリル

1．言語処理の自動化

　言語の形式・規則を意識せずに、意味・伝達内容に注意を集中してコミュニケーションができるようになるためには、語順選択や語形選択などの言語の形式操作の過程をできるだけ「自動化」（automatize）する必要がある。自動化によって形式操作に要する認知的負荷を軽くし、意識を意味に集中させる余裕を作り出すことができる。言語能力の基軸となる概念に「正確さ」（accuracy）と「流暢さ」（fluency）があるが、外国語の使用においては、正確さと流暢さは両立しないことが多く、正確に理解したり表現したりしようとすると時間がかかるために流暢さが犠牲になり、流暢さ、すなわち言語処理の速さを重視すると正確さが犠牲になりがちである。正確さと流暢さを両立させるための鍵となるのが自動化である。そのための訓練が機械的ドリルである。

　母語の日常会話においては、言語の形式・構造・規則の処理は自動化され、「無意識的な処理」（unconscious processing）が行われていることが多い。すなわち、構文や語形などの言語形式を意識することなく、伝達内容に注

第9章　文法の学習と指導

意を集中させて、相手の話を聞いたり自ら話したりするのが普通である。一方、外国語学習においては「意識的処理」(conscious processing) が行われることが多い。意識的処理をいかに無意識的処理に近づけるかは、言語の学習・指導上の大きな課題である。

2. 指導例

機械的ドリルの代表格は「パターン・プラクティス」(pattern practice, 以下PP) である。PPは、基本となる文を基に、その一部の語句を入れ替えたり文の形を変えたりしていく練習である。フリーズ (Charles C. Fries) の「オーラル・アプローチ」(The Oral Approach)で用いられた指導技術であり、1950年代に日本に導入され、改良されながら用いられた。PPにはさまざまなものがあり、その分類や呼称も一様ではないが、以下に代表的な活動例を示す。

```
(1)「変換」(variation)
   (a)「単純代入」(simple substitution)
       T:  I like tennis.          Class:  I like tennis.
       T:  [S₁に] Baseball.         S₁:     I like baseball.
                                   Class:  I like baseball.
       T:  [S₂に] Volleyball.       S₂:     I like volleyball.
                                   Class:  I like volleyball.
   (b)「相関代入」(correlative substitution)
       T:  I am a student.         Class:  I am a student.
       T:  [S₁に] You.              S₁:     You are a student.
                                   Class:  You are a student.
       T:  [S₂に] They.             S₂:     They are students.
                                   Class:  They are students.
   (c)「複合代入」(multiple substitution)
       T:  The boy likes tennis.   Class:  The boy likes tennis.
       T:  [S₁に] girl, soccer.     S₁:     The girl likes soccer.
                                   Class:  The girl likes soccer.
```

(d)「拡張」(expansion)

 T: Aya has been studying.
 Class: Aya has been studying.
 T: [S_1に] In the library.
 S_1: Aya has been studying in the library.
 Class: Aya has been studying in the library.
 T: [S_2に] For an hour.
 S_2: Aya has been studying in the library for an hour.
 Class: Aya has been studying in the library for an hour.

(2)「選択」(selection)

 T: Tom went to the airport yesterday.
 Class: Tom went to the airport yesterday.
 T: [S_1に] Question!
 S_1: Did Tom go to the airport yesterday?
 Class: Did Tom go to the airport yesterday?
 T: [S_2に] Answer!
 S_2: Yes, he did. He went to the airport yesterday.
 Class: Yes, he did. He went to the airport yesterday.
 T: [S_3に] Where!
 S_3: Where did Tom go yesterday?
 Class: Where did Tom go yesterday?
 T: [S_4に] Answer!
 S_4: He went to the airport yesterday.
 Class: He went to the airport yesterday.
 T: [S_5に] When!
 S_5: When did Tom go to the airport?
 Class: When did Tom go to the airport?
 T: [S_6に] Answer!
 S_6: He went to the airport yesterday.
 Class: He went to the airport yesterday.

　(1)(a)は語句を単純に入れ替えていく練習、(1)(b)は文の要素を1か所変えることによって、他の箇所も連動して変えていく練習、(1)(c)は2か所以上を同時に他の語句で置き換える練習、(1)(d)は基本となる文に新し

い語句を次々に付け加えて全文を言う練習、(2)は一つの文をYes/No疑問文やWh疑問文にしたり、それらに答えたりする練習である。

　PPは、教師の口頭による「合図」(cue)を基に、生徒が次々に文を作っていく練習であり、教師は最小限の発話量で生徒から最大限の発話を引き出していくという特徴があり、多人数の授業でも実施しやすいメリットがある。また、口頭による指示だけでなく絵や図などを見せて答えさせていくこともできる。PPのような機械的ドリルは、実際の言語コミュニケーションとは異なる人工的な訓練であることや、話者の意思や発話の文脈を軽視した指導法である点で批判されることが多い。しかし、文法項目を提示して、いきなりコミュニケーション活動をさせようとしてもうまくいかないことが多いのではないか。その一つの理由として、自動化訓練の欠如や不足が考えられる。コミュニケーションへの橋渡しとしての機械的ドリルの価値を、今一度見直す必要があると思われる。

3. 指導上の留意点

　ドリルを行う際には注意も必要である。第1に、ドリルだけで終始せずに、より現実の言語コミュニケーションに近い言語活動を行う努力が欠かせない。第2に、ピーネマン(Manfred Pienemann)らの「処理可能性仮説」(第1章第1節 2. pp.26-27参照)によれば、語順など「発達的素性」(developmental features)を持つ文法項目の習得順序には一定の発達段階があり、発達段階を超えた言語操作をさせようとすると、効果がないばかりか、「使用回避」(avoidance)などの悪影響を及ぼすおそれがあるという。個々の学習者の英語発達段階に応じた指導を徹底するには、個別指導をするしかないが、一斉授業の中でドリルを行う場合には、常に生徒の反応を見ながら学習者の到達度を見極め、学習者ができない発話を強要しない配慮が必要である。また、クラスの平均的な習熟度に応じて、①インプットのみを与える「理解のための文法事項」と、アウトプットをさせる「産出のための文法事項」を峻別する、②理解レベルの評価をする文法事項と産出レベル

まで評価する文法事項とを峻別する、などの配慮も必要である。

第3節　コミュニカティブな文法指導

1. コミュニカティブな文法指導とは

　コミュニカティブな文法指導とは、特定の文法事項を指導する場合でもできるだけ現実の言語コミュニケーションの要素を採り入れようとするアプローチである。現実的な例文、場面やタスクを与え、言語を現実性の高い状況で使いながら習得させることを目指す。昨今の言語教育において、最も重要視されている指導法である。コミュニカティブな文法指導においては、学習者の注意を言語の「形式」(form)ではなく「意味」(meaning)に集中させることが重視される。また、単語も文も、単独で提示するのではなく、「場面」(situation)や「文脈」(context)の中で提示したり使用させたりすることが推奨される。

　必要に応じて「インフォメーション・ギャップ」(information gap)を設定することも多い。現実生活の言語コミュニケーションにおいては、2人以上の人の間で持っている情報に差がある場合に、その差を埋めるために言語のやり取りが行われることが多い。例えば、ある服を着ている人に「その服、どこで買ったの？」と尋ねる場合、服を着ている人は買った店を知っているが、尋ねている人は知らない。その情報のギャップを埋めるために、この質問がなされると考えることができる。こうした現実の言語コミュニケーションにおける情報の差異を、教室の中に人工的に作り出して、その差異を埋めるために行わせる活動が、インフォメーション・ギャップ活動である。典型例としては、ペアワークなどで2人の生徒に別々のワークシートを渡し、生徒どうしの持っている情報にズレがあるようにして、互いのやり取りの中で情報のズレを解消させる活動が挙げられる（第10章第3節 2. pp.177-178 参照）。そのほか、物や動物などの絵の一部だけを見せ

て、生徒に何の絵かを「推量」（guess）させるタスクなども、人工的なインフォメーション・ギャップの設定例とみなすことができる。

次の項では、コミュニカティブな文法指導の例をいくつか紹介する。

2．指導例

（1）現在進行形の導入

英語科や他教科の同僚教員の協力を得て、いくつかの動作をしている写真を撮影し、その写真を用いて以下のようなオーラル・イントロダクションを行う。

①田中先生がギターを弾いている写真を示して：
　　Mr. Tanaka is playing the guitar.
②田中先生がテレビを見ている写真を示して：
　　Now Mr. Tanaka is not playing the guitar.
　　He is watching TV.
③田中先生がヘッドフォンで音楽を聴いている写真を示して：
　　Now Mr. Tanaka is not watching TV.
　　He is listening to music.
④田中先生が手紙を書いている写真を示して：
　　Now Mr. Tanaka is not listening to music.
　　He is writing a letter.

複数の教員に自分の専門教科とは関係のない動作をしてもらい、それを写真撮影し、その写真を用いて次のようなオーラル・イントロダクションを行うこともできる。

①　Who's this? ［生徒：加藤先生！］ Yes, this is Ms. Kato. You know her very well, right? She teaches in this school. What subject does she teach? ［生徒：Music!］ Yes, she is a music teacher. She plays the piano very well. But in this picture, she is not playing the piano. She is

> reading a book.
> ② Who's this? ［生徒：佐藤先生！］ Yes, this is Mr. Sato. He teaches P.E. He plays basketball very well. But in this picture, he is not playing basketball. He is singing a song.

（2）現在完了形の活動

　現在完了形の経験用法の指導においては、生徒が教室を歩き回って「ある場所を行ったことがあるかないか」、行ったことがある場合には「何回行ったか」をクラスメートに次々に尋ねていく活動を展開することができる。

> S1： Excuse me. Have you ever been to Kyoto?
> S2： No, I haven't.
> S1： I see.
> S1： Excuse me. Have you ever been to Kyoto?
> S3： Yes, I have.
> S1： Really? How many times have you been there?
> S3： I've been there three times.

　この活動において、個々の生徒がそれぞれの場所に実際に行ったことがあるかないかを答えさせると、現実生活を反映させたリアリティのある言語活動になる。しかし、これには問題点がある。旅行経験が豊富にある生徒は得意になって答えられるが、そうでない生徒は嫌な思いをさせられるおそれがある。それを避けるためには、さまざまな旅行先をリストしたワークシートをあらかじめ配布し、それぞれの生徒がどこに行ったことがあるかを自分で決めて、それを基に活動させるとよい。こうした「なりきり」活動は、さまざまなタイプの活動に適用可能である。

（3）受動態の指導

　生徒にとって身近な話題やリアリティの感じられるトピックを用いて、自然な文脈で受動態の文を提示したり練習させたりする工夫が求められる。

科目と教師

学校の授業科目と教師は生徒にとって身近なトピックであり、さまざまな文法事項の導入で利用できる。オーラル・イントロダクションの例を示す。

> ［数学の教科書を見せて］What's this? ［生徒：Textbook!］ Yes, it's a textbook. What subject? ［生徒：数学！］ That's right. This is a math textbook. Who teaches you math? Is math taught by Mr. Tanaka? ［生徒：違う！］ No, it isn't. It isn't taught by Mr. Tanaka. Is math taught by Ms. Suzuki? ［生徒：No!］ No, it isn't. It isn't taught by Ms. Suzuki. Math is taught by …. ［生徒：渡辺先生！］ Yes. Math is taught by Ms. Watanabe. What about P.E.?

物と原産国

実物や写真を見せながら、クイズのような形で原産国・原産地を問い、タグなどで産地を特定して受動態の文で答えさせることができる。

> Where was this computer made? — It was made in Taiwan.
> Where was this pencil made? — It was made in Japan.
> Where was this T-shirt made? — It was made in China.
> Where was this car made? — It was made in Germany.

また、インフォメーション・ギャップを取り入れ、ペアワークにおいて、生徒Aと生徒Bに異なるワークシートを配布し、原産国を尋ね合わせることもできる。

> 生徒Aのワークシート
> 　①時計の絵　　　原産国名：Japan
> 　②Tシャツの絵　原産国名：空欄
> 生徒Bのワークシート
> 　①時計の絵　　　原産国名：空欄
> 　②Tシャツの絵　原産国名：China
> やりとり：
> 　生徒A：Where was the T-shirt made?
> 　生徒B：It was made in China.　Where was the watch made?
> 　生徒A：It was made in Japan.

(4) 関係代名詞の指導

作品と作者

作品と作者を表す表現は関係代名詞の導入や練習に向いている。たとえば、以下の例のように有名な小説のタイトルを示し、その作者が誰であるかを、教師が関係代名詞を使って説明したり、生徒に関係代名詞を使って言わせたりすることができる。

作者を当ててみよう！
The novelist who wrote *Norwegian Wood* was ….
The novelist who wrote *The Snow Country* was ….
The novelist who wrote *Rashomon* was ….
The novelist who wrote *Botchan* was ….
　(1) Kawabata Yasunari　　(2) Natsume Soseki
　(3) Akutagawa Rhyunosuke　(4) Murakami Haruki

同様の練習は、画家、作曲家、俳優、スポーツ選手などでもできる。

名詞の定義

名詞の意味を表すのに関係代名詞が使われることが多い。英英辞典に載っている定義をそのまま用いると難しくなるので、簡略化した定義を示して単語当てクイズをするとよい。以下に例を示す。

何のことを言っているか、当ててみよう！
What is an animal that has a very long neck?
What is an animal that has black and white stripes?
What is a thing that tells you the time?
What is a thing that you use to take photos?

類似の活動は、以下のように関係副詞でも利用できる。

What is a place where airplanes land and take off?

生い立ち、家族、好み、習慣、経験などに該当する人

「4月に生まれた人」など、該当する生徒に手を挙げさせる活動である。

生徒のプライバシーに配慮した発問内容を心がけることが必要である。以下に例を示す。

> Students who were born in April.
> Students who like natto.
> Students who go to bed before 12:00 midnight.
> Students who have seen all the *Harry Potter* films.

3．指導上の留意点

　コミュニカティブな文法指導を行う場合には、以下の点に留意する必要がある。

　第1に、新出文法事項を導入してすぐにコミュニカティブな活動をさせようとしてもうまくいかないことがあるので、必要に応じて形式・規則に慣れさせるためのドリルを取り入れたい。

　第2に、リアリティを追求するあまり、生徒のプライバシーを侵害することのないように注意したい。生徒の住所を尋ねるとき（例：Where do you live?）、には配慮が必要であるし、親の職業を尋ねること（例：What does your father do?は不適切である。また、経済状況が反映されやすいトピックの扱いにも注意が必要であり、所有物について尋ねたり（例：How many CDs do you have?）、経験や行動予定を尋ねたり（例：What are you going to do during the sum-mer vacation?）することには慎重さが求められる。これらを避ける手立てとして、あらかじめ所有物や経験・予定をリストの中から選ばせて、それに基づいて活動させる「なりきり」活動を積極的に取り入れたい。

　第3に、活動においては状況設定が複雑になりすぎないように注意したい。本節で挙げた活動例の中には、複雑な状況設定を要するものは皆無である。なお、本節の指導例には、現実の言語コミュニケーションにおける討論、問題解決、意思決定などの要素などが含まれていないため、これらの指導例はコミュニカティブであるとは言えない、という意見もあるかも

しれない。しかし、本格的なコミュニケーション活動は、特定の文法事項の学習とは切り離して行ったほうが、言語材料に縛られずに無理なく実現可能であると思われる。それらの活動については、第10章 第3節2.（pp.176-180）ならびに第12章第3節・第4節（pp.209-215）で紹介する。

第4節　帰納的文法指導と演繹的文法指導

　文法指導の手順には、「帰納的」(inductive)なアプローチと「演繹的」(deductive)なアプローチがある。「帰納的」とは、特定事例から一般原則を導き出すことであり、帰納的文法指導においては、ある文法事項を含む複数の実例を示し、生徒がそれらに接していく中で規則性に気づくことを促す。一方「演繹的」とは、一般原則を特定事例に適用していくことであり、演繹的文法指導においては、最初に規則を示し、生徒にそれを個々の事例に適用させる。現在の主流は帰納的アプローチであるが、どちらがより効果的であるかは一概には言えない。文法事項、学習者、活動目的などによって適切な指導手順は常に同じとは言えないからである。一つの解決策として、以下のように両者を組み合わせた手順を踏むことを提案したい。
　(1) 第1段階：実例を提示する。
　(2) 第2段階：規則を提示する。
　(3) 第3段階：規則を実例に適用させる。
　(4) 第4段階：規則を再確認させる。
　全体は「(1)実例→(2)規則→(3)実例→(4)規則」という流れになっており、(1)→(2)は帰納 (induction)、(2)→(3)は演繹 (deduction)、(3)→(4)は帰納の過程である。以下に、それぞれの指導段階についての留意点を述べる。
　第1段階においては、最初から抽象的な規則を提示しても分かりにくいことが多いので、実例を示すことから始めると無理がないだろう。この段階の留意点として、第1に、できるだけ多くの実例を示すことが肝要であ

る。規則性に気づくためには、1つや2つの例では不十分だからである。第2に、実例の提示の段階ではインプットをメインにするとよい。平易な表現であればすぐに発話させてもよいが、複雑な構造の場合、提示されたその場でリピートしたり、その構造を用いた表現をするのは難しい。まずは十分なインプットを与えることを心がけたい。第3に、既習事項との対比を検討するとよい。例えば、未来表現を導入するときに過去形と対比させて示すことが挙げられる。ただし、既習事項との対比が常に有効であるとは限らない。例えば、現在進行形の導入の際に既習の単純現在形と対比させようとすると、単純現在形の理解自体が曖昧であるために対比が効果的に機能しない可能性がある。また、一つの言語形式（例えば「to不定詞」）が複数の用法（名詞用法、副詞用法、形容詞用法）を表す場合に、新出事項（例えば副詞用法）を既習事項（例えば名詞用法）と対比させて提示すると、紛らわしくかえって混乱を招くおそれもある。

　第1段階で実例が提示された状態で説明なしに活動をさせていくと、理解できずに取り残されてしまう生徒が出てきてしまうおそれがある。そこで、第2段階で規則を説明しておくとよいだろう。その際に、可能であれば、規則を生徒に気づかせる「規則発見学習」（本章第1節2. p.150参照）を取り入れたい。自ら発見した規則は記憶に定着しやすいと考えられるからである。

　第3段階は、規則を実例に適用させる段階である。この段階で、さまざまなアウトプット活動をさせることになる。いきなりコミュニケーション活動をすることが難しい場合は、基本的なドリルを課して言語形式や文法操作に慣れさせてから発展的な活動に移行するとよい。

　最後の第4段階では、その日の授業を振り返り、新出文法事項の形式や規則を確認する。ノートテイキングをさせ、家庭学習にもつなげたい。

おわりに

　言語は使うことによって身につくことは間違いない。また、日本のよう

に、日常生活において目標言語を使う機会に乏しい言語環境においては、教室ではコミュニケーション活動の時間を少しでも確保する努力を怠るべきではあるまい。しかし一方で、コミュニケーション能力はコミュニケーション活動だけで身につくとは限らない。特に、多様な学習者を対象とする一斉授業においては、さまざまな指導法を取り入れる「折衷的」（eclectic）なアプローチを採ることが穏当であろう。

引用・参考文献

金谷憲編集代表、青野保・太田洋・馬場哲生・柳瀬陽介編著『［大修館］英語授業ハンドブック＜中学校編＞DVD付』大修館書店、2009年

金谷憲編集代表、阿野幸一・久保野雅史・髙山芳樹編著『［大修館］英語授業ハンドブック＜高校編＞DVD付』大修館書店、2012年

高島英幸編著『実践的コミュニケーション能力のための英語のタスク活動と文法指導』大修館書店、2000年

高島英幸編著『文法項目別 英語のタスク活動とタスク――34の実践と評価』大修館書店、2005年

高島英幸編著『英文法導入のための「フォーカス・オン・フォーム」アプローチ』大修館書店、2011年

原田昌明『英語の言語活動 WHAT & HOW』大修館書店、1991年

Celce-Murcia, Marianne and Larsen-Freeman, Diane *The Grammar Book: An ESL/EFL Teacher's Course* (2nd ed.), Heinle & Heinle, 1999

Doughty, C. and Williams, J. *Focus on Form in Classroom Second Language Acquisition*, Cambridge University Press, 1998

Ellis, Rod *The Study of Second Language Acquisition* (2nd edition), Oxford University Press, 2008

Krashen, S. D. *Principles and Practice in Second Language Acquisition*, Oxford, UK: Pergamon Press, 1982

Krashen, S. D. *The Input Hypothesis: Issues and Implications*, London: Longman, 1985

Lado, Robert & Charles C. Fries, *English Sentence Pattern*, The University of Michigan, 1964.

Long, M. "Focus on form: A design feature in language teaching methodology," In de Bot, K., Ginsberg R. & Kramsch C.(Eds.) *Foreign Language Research in Cross-cultural Perspective*, Amesterdam: John Benjamins, 1991, pp.39-52

Murphy, Raymond *English Grammar in Use Book with Answers and Interactive eBook: Self-Study Reference and Practice Book for Intermediate Learners of English* (4th edition), Cambridge University Press, 2015

Murphy, Raymond *Essential Grammar in Use with Answers and Interactive eBook: A Self-Study Reference and Practice Book for Elementary Learners of English* (4th edition), Cambridge University Press, 2015

Pienemann, Manfred *Language Processing and Second Language Development: Processability Theory,* Amsterdam: John Benjamins Publishing Company, 1998

Pienemann, Manfred (Ed.) *Cross-Linguistic Aspects of Processability Theory*, John Benjamins Publishing Company, 2005

Ur, Penny *Grammar Practice Activities Paperback with CD-ROM: A Practical Guide for Teachers* (2nd edition), Cambridge University Press, 2009

第10章

リスニング・スピーキングの学習と指導

はじめに

　近年の英語教育においては、入門期には音声を媒介としたコミュニケーションを重視し、その後は4技能をバランスよく指導していくことが推奨されている。本章では、音声によるコミュニケーションに焦点を当て、英語の「リスニング」「発音」「スピーキング」について、そのメカニズムを確認し、その指導法について考察する。

第1節　リスニングの学習と指導

1. リスニングのプロセス

　リスニングのプロセスは、「知覚」(perception) と「理解」(comprehension) の2段階に分けて考えることができる［門田 2015］。「知覚」とは、耳から

入ってきた音を言語音として認識し処理することである。聞き手が英語の音声知覚をするためには、頭の中に長期記憶として英語の「音声知識データベース」(speech knowledge database) が構築されていなければならない。それぞれの言語における音の最小単位を「音素」(phoneme) と呼ぶが、英語には日本語にはない音素 (/θ/、/f/ などの子音や /æ/、/ə/ などの母音) が多数ある。また、"strong" "attempt" におけるように、日本語にはない「子音結合」(consonant cluster) も一般的な現象である。さらに、英語には "in_an_hour" における音の「連鎖」(liaison)、"hot day" における音の「脱落」(elision)、"did you" における音の「同化」(assimilation) など、日本語にはない音変化が頻繁に見られる。これらの音が音声知識データベースに格納されていない場合、英語の音声知覚の妨げとなると考えられている。また、発話スピードが上がると知覚に困難を生ずるなど、発話速度 (speech rate) も音声知覚の難易に影響を与える要因である。

　「理解」とは意味を処理する過程であり、入力された音声をもとに、語義へのアクセスや文構造の解析などの処理をして、文の意味理解に至る。理解の際には、その文が使われている前後の文脈や、聞き手が持っている一般常識や関連する背景知識なども参照して、意味を構築していく。ただし、これらの処理はそれぞれ順を追って進むわけではなく、言語的に小さな単位から順に大きな単位へと理解を積み重ねていく「ボトムアップ処理」(bottom-up processing) と、文脈から単語の意味を推測するような、より大きな単位の言語処理がより下位の言語レベルの処理に影響を及ぼす「トップダウン処理」(top-down processing) の両方が相互作用的に働いていると考えられている。

　リスニングにおけるこれらの処理過程を踏まえたうえで、次項ではリスニング処理能力を向上させるための指導技術を紹介する。

2. 教室におけるさまざまなリスニング活動

(1) 最小対立練習 (minimal pair practice)

1つの音素を除いて全て同じ音素から成る単語の「最小対立ペア」（minimal pair）を用いて、対立する音素の識別に慣れさせる訓練である。例としては、"hat"－"hut"のペアにおける/æ/と/ʌ/の識別、"sink"－"think"のペアにおける/s/と/θ/の識別などが挙げられる。

(2) 音変化の指導

音の「連鎖」「脱落」「同化」などに関する意識的な聞き取り練習である。例えば、"up and down"のような表現は、文字で見るとスペースによって3つの単語に分かれているが、音声で聞くと音の連鎖・脱落によって"upandown"のようにあたかも1語のように聞こえる。このような音変化は、英語学習者がリスニングをする際の障害となることが多い。音変化の指導においては、単に聞き取って終わるのではなく、学習者に音変化をまねさせて発音させることが有効である。

(3) ディクテーション (dictation)

個々の音をしっかりと正確に聞き取るための訓練であり、学習者は語彙知識、文法知識、背景知識などを総動員しながら、一語一語書き取っていく。学習者の英語運用能力に応じて、全ての語を書き取らせずに英文の一部のみの穴埋めをさせる「部分ディクテーション」（partial dictation）の形態にすることもできる。英語の歌の歌詞を学習者のレベルに合わせて書き取らせる活動は、中・高生にも人気のあるディクテーション活動である。

(4) シャドーイング (shadowing)

聞こえてくる音声を即座に声に出して再生していく活動である。シャドーイングをすることで、英語の音声知覚の自動化（無意識化）を図り、

音声知識データベースを日本式発音から本来の英語らしいものに質的に変換することができると考えられている［門田 2015 p.105］。

(5) ディクトコンプ（dicto-comp）とディクトグロス（dictogloss）

ディクトコンプとディクトグロスは、まとまった長さの英語の文章を聞き、その内容を再生して書く活動である。いずれもリスニングとライティングを組み合わせた活動であるが、ディクトグロスにおいてはメモを取ることが許され、また、ペアやグループで行う点が特徴である（第12章第2節1. p.206参照）。

(6) タスク・リスニング（task listening）

天気予報を聞いて地図上にそれぞれの地域の天気を記入したり、遠足の予定表を見ながら、教師が予定の変更について伝える英語を聞いて予定表を修正していくなど、あらかじめ与えられている課題を、音声の正確な聞き取りによって遂行する活動である［本多 2009］。

これら以外にも、学習者のレベルに応じたさまざまなリスニング活動が実践されている。授業で使えるさまざまなリスニング活動について手軽に知ることができる書籍としては、渡辺（1994）をお薦めしたい。

3. リスニングの段階的指導

教室におけるリスニング活動は、ともすれば、生徒にいきなり音声を聞かせ、内容理解を問う質問に解答させて、その正否のみを問うリスニングテストのようになりがちである。しかし、リスニングの「指導」は「テスト」ではないので、生徒が聞き取れた・聞き取れないで一喜一憂して終わりにならないよう、用意周到に、かつ、段階的な指導をすることで、生徒が聞き取れるように導くことが教師の重要な役割である。以下では、リスニング指導が効果的になされるための一連の流れを示す。

（1）プレ・リスニング（pre-listening）

　生徒の音声知覚や語彙処理がスムーズに進むように、聞き取りが難しいと思われる語句については事前に意味を与えて発音指導をしておくとよい。意味を与える際に、単に訳語を与えるのか、英語による定義や分かりやすい例文の中で提示するのかについては、生徒のレベルや学習目標に応じて適宜選択する（第8章第3節 2. p.137-139参照）。また、内容の導入となるような発問をしておくことで、スキーマ（第11章第2節 2. p.190参照）を活性化することができ、聞き取りの際のヒントを提供できる。英文の概要把握を求める発問と、英文中の特定の細かい情報の聞き取りを求める発問とでは、英文への生徒の注意の向け方も異なってくるので、生徒にどのような聞き取りをさせたいのか、その目的によって発問内容を調整する必要がある。

（2）本番リスニング（while-listening）

　本番となるリスニングでは、プレ・リスニング段階で与えられた発問に対する答を探るような聞き方をさせる。生徒が聞き取りに困難を抱えている場合は、聞かせる英文のスピードを落としたり、ポーズを挿入してフレーズ間の境界を示したりするなど、難易度の調整を臨機応変に行うようにしたい（難易度調整については 次ページ 4.(1) を参照）。各生徒が聞き取りに取り組んでいる様子を丁寧に観察し、その様子に対して適切に対処することはリスニング指導における教師の大切な役割である。

（3）ポスト・リスニング（post-listening）

　聞き取りが難しかった部分を振り返りながら、なぜ困難が生じたのかを明示的に指導することが大事である。必要に応じて、英文のスクリプトを配布したり、黒板やスクリーンに提示したりすることで、文字情報による確認をさせるとよい。聞き取りに使用した英文は、内容理解を十分にさせた後、音読やシャドーイングの素材として使用することもできる。英文の内容に関して、個人やペア・グループで話させたり、書かせたり、また、

関連する内容の英文を読ませたりなど、4技能統合型の活動となるよう授業設計をすることも可能である。

4. リスニング指導の留意点

(1) 難易度調整のバリエーション

教師は目の前にいる生徒の聞き取りへの取り組みの様子を観察しながら、適宜、難易度を調整する必要がある。難易度は、以下のような各項目の調整により変更可能である。
　①聞かせる英文のスピード
　②聞かせる英文へのポーズ挿入（挿入回数とポーズの長さ）
　③英文を聞かせる回数
　④視覚情報（英文内容に関連するイラスト・写真など）の活用
　⑤個人作業のみでなく、ペアやグループでの協同作業の活用
　⑥英文スクリプトの活用（穴埋め形式での提示）
　⑦和訳スクリプトの活用

(2) 適切なリスニング教材の選定

英文で使用されている語彙・文法が生徒の英語運用能力をはるかに超えて難しい場合は、教材の選定ミスであると言える。生徒の英語運用能力に合致した適切なレベルの教材選定が重要である。また、日本語で聞いても理解が難しいような題材内容の英文は、当然のことながら使用を避けるべきである。

第2節　発音の学習と指導

英語学習者の発音はリスニング力にもスピーキング力にも大きな影響を

与える。リスニングにおいては、本章第1節 1. (p.166) で見たように、聞き手の頭の中に正しい英語発音がデータベースとして格納されていなければ、音を正しく識別できない可能性がある。一方、スピーキングにおいては、英文の組み立てや使用した語彙・表現が正しいにもかかわらず、不正確な発音が原因で発話が相手に通じないという事態が起こりうる。生徒が音声を媒介とするコミュニケーションをするうえで発音に起因する障害が起こらないように、適切な指導を行わなければならない。

(1) 発音指導の際の発音モデルと目標

　日本語を母語とする英語学習者への発音指導では、どのような発音モデルを目標とすればよいだろうか。1960年代までの学習指導要領（試案も含む）では、「イギリスの音とアメリカの音との相違点に注意し、アメリカの発音に習熟されたい」(1947年) や「現代のイギリスまたはアメリカの標準的な発音」(1958年、1969年) という記載があり、英米の標準発音が発音モデルとして奨励されていた。1977年告示の学習指導要領以降 (1989年、1998年、2008年) では、一貫して「現代の標準的な発音」という表現が用いられている。しかし、「現代の標準的な発音」という表現自体が曖昧で、実際に教室においてどのような発音モデルを指導すればよいかについては、使用している検定教科書などの付属音声教材や指導する英語教員の判断に委ねられているのが現状であろう。

　「現代の標準的な発音」という名の下で言語材料にどのような音声を用いるにせよ、日本語を母語とする英語学習者の発音は、程度の差こそあれ母語である日本語の影響を受けざるを得ない。このような「ジャパニーズ・イングリッシュ」の発音は、かつては蔑視されていたが、最近では積極的に支持されるようになってきた［馬場編 1997, p.101］。だからといってどんな発音に対しても寛容であるべきだというわけではなく、英語によるコミュニケーションを阻害しない発音、すなわち、最低限「通じる」(intelligible) 発音を目指すべきであるという考え方が一般的である［Walker 2010; 鳥飼 2011］。

(2) 日本語にない音素の指導

音素には母音（vowel）と子音（consonant）があるが、日本語の母音・子音の数と英語の母音・子音の数は大きく異なる。日本人が特に注意して学習すべき音素としては、日本語にない/æ/、/ɑ/、/f/、/v/、/θ/、/ð/、/r/、/l/ などがある。

音素を正確に聞き取り、発音できるようになるためには最小対立練習（本章第1節 2. p.167参照）や『English あいうえお』[靜 2006]を推奨したい。『Englishあいうえお』は、英語の/r/や/ð/の音の後ろに日本語の「あ・い・う・え・お」を付けて、「rあ・rい・rう・rえ・rお」や「ðあ・ðい・ðう・ðえ・ðお」のように繰り返し練習することで、日本語にはない子音に意識を集中して練習させる発音指導法である。

(3) 音節構造と母音挿入

日本語を母語とする英語学習者の発音が通じない場合の一因として、母音を不必要に挿入することが挙げられるが、これは日本語と英語の音節（syllable）の構造の違いに起因すると考えられる。音節とは、「普通は母音を中心として、前後に切れ目があると感じられる音声上の単位」であり[竹林・清水・斎藤 2013]、日本語の基本的な音節構造が「子音＋母音」であるのに対し、英語の典型的な音節構造は「子音＋母音＋子音」である。

　日本語： 子音＋母音
　　例)「木」(/k/＋/i/=/ki/)、「血」(/tʃ/＋/i/=/tʃi/)
　英　語： 子音＋母音＋子音
　　例) "map" (/m/＋/æ/＋/p/=/mæp/)、"bed" (/b/＋/ɛ/＋/d/=/bɛd/)

日本語では、ほとんどの音節が母音で終わるために、日本語を母語とする英語学習者は英語の "map" や "bed" を発音する場合に、語末の子音に余分な母音をつけて「マップ」/mapɯ/や「ベッド」/bedo/のように発音してしまいがちである。

不要な母音挿入をさせないための指導としては、日本語の音節である

「子音＋母音」から成る音を用いて、子音と母音をそれぞれ切り離して発音する練習（例：/ki/ を /k/ と /i/ に分離して発音）をさせたり、子音と母音の位置を逆転させて発音する練習（例：/ki/ の子音と母音を逆転させた /ik/ を発音）をさせてみるとよい［靜 2009］。

（4）音変化の指導

単語が集まってフレーズとして使われる際、英語では隣り合う単語どうしの間で音変化が起こることが多い。発音指導において音変化を扱うことによって、英語らしい自然な発音を習得できるようになるとともに、リスニング力の向上にも役立つことが期待される。音変化の発音指導の際には、音変化を含むフレーズや文を聞いて、リピート練習をさせるだけでは不十分である。どの音とどの音が隣り合わせになった場合にどのような音変化が起こるのかという知識を明示的に与え、理解させたうえで、練習素材となるフレーズや文を使って、音変化がどこで起こりうるかを探させることから始めるとよい。連鎖、脱落などそれぞれの音変化を表す記号を事前に教えておき、個人やペアでフレーズ内の音変化が起こる箇所を探させ、記号を書き込む作業を行ったうえで発音練習を重ねることで、しだいに意識しなくても適切な音変化で発音できるようになることを目指す。

例 1）連鎖をスラーの記号で、脱落を（ ）で表した場合

 get‿an‿orange

 a goo(d) dog

例 2）連鎖や同化を四角い図形で、脱落を（ ）で表した場合

 get an orange

 How did you spend your vacation?

 They wan(t) to have a bi(g) party.

（5）強勢の指導

日本語においては、「かき（柿）」と「かき（牡蠣）」、「あめ（雨）」と「あめ（飴）」のように、音の高低（pitch）によるアクセントで語が区別されるが、

英語の場合は、RECord（記録）とreCORD（記録する）のように、音節に強勢（stress）を付けることで区別をする。強勢を持つ音節（強音節）は隣接する音節よりも強い呼気で発音され、その結果、「強く・高く・長く・はっきりと」発音されることになる。それに対して弱音節は「弱く・低く・短く・曖昧に」発音される。日本語を母語とする英語学習者は弱音節を強く発音しすぎる傾向があるので、十分に脱力して発音する練習が必要である。

　強勢の指導の際には、単語の強弱のリズムパターンを視覚的に提示して行うとよい。中学校の検定教科書では新出単語の提示の際に、第一強勢の位置を母音にアクセント記号を付けて示しているが、この表記だけでは、当該の単語が幾つの音節から成り、どの音節を強く・弱く発音するのかが分からないため、不十分である［高山 2010］。例えば、"próblem"や"Cánada"のように、単に強音節の位置を提示するだけでなく、辞書の見出し語の"prób·lem"や"Cán·a·da"のように音節の区切れを明示したり、第一強勢を大きい黒丸（●）、第二強勢を大きい白丸（○）、弱音節を小さい白丸（。）で示すバブル表示［Celce-Murcia, Brinton, Goodwin 2010］を用いて、"problem"は「●。」、"Canada"は「●。。」、"violin"は「○。●」のように提示することで、正しい強弱パターンを意識した学習が可能となる。

(6) 強勢拍リズムの指導

　英語のリズムと日本語のリズムで大きく異なる点として、「強勢拍リズム」（stress-timed rhythm）と「音節拍リズム」（syllable-timed rhythm）を理解しておく必要がある。英語は強勢拍リズムを持つ言語で、強勢の置かれる音節の間隔が等しくなろうとする傾向を持つ。これに対し、日本語は音節拍リズムを持ち、各音節がほぼ等しい長さで発音される。

　　　日本語：　　「すてきなプレゼントありがとう」
　　　　　　　　●●●●●●●●●●●●●
　　　英語：　　　"Thank you for the wonderful gift."
　　　（悪い例）　サンキューフォーザワンダフルギフト
　　　　　　　　●●　●●　●●●●●●●●●

(良い例)

　(1)は4音節、(2)は3音節、(3)は1音節だが、それぞれほぼ同じ長さで発音される。発音練習の際には、●のところで手拍子を打ったり、1歩ずつ歩きながら等間隔のリズムを体で刻んで、そのリズムに英語を当てはめていくなど、体を使って生徒に英語特有のリズムを身につけさせるとよい［服部 2012］。

第3節　スピーキングの学習と指導

　日本のように、英語を日常的に使う機会がなく外国語（第1章 p.22参照）として学ぶ環境の場合、いかにして生徒に発話の機会を与え、どのような指導をすべきであろうか。本節では、スピーキングのプロセスを確認したうえで、スピーキング能力を伸ばすための学習と指導について概観する。

1. スピーキングのプロセス

　スピーキングのプロセスを示したモデルとしては、レヴェルト（Willem J. M. Levelt）による言語処理モデルが著名である［Levelt 1989］。レヴェルトのモデルでは、スピーキングの過程には、①概念化、②形式化、③音声化、④自己モニターの段階がある。我々は発話の意図が決まると、どのような情報を伝えるかを適宜自分でチェックしながらメッセージとして生成する（＝概念化）。次に頭の中にある辞書（mental lexicon）にアクセスして、文法に沿って概念を言語化していく（＝形式化）。次の段階で、実際に顕在化した形での音声発話がなされる（＝音声化）。そして、音声化された自分の発話を自身の耳を通して確認し（＝自己モニター）、適宜修正を行う。学習者が英語で話す際に困難を抱えている場面に遭遇したら、このスピーキ

ング・プロセスのどの段階でつまずいているのかを考え、そのつまずきを克服できるような指導を適切に行うことが肝要である。

　優れたスピーキング学習者は、正確かつ流暢に話すことができる。スピーキング指導においては、この「正確さ」(accuracy)と「流暢さ」(fluency)をバランスよく身につけさせることが重要である。ただし、たとえ正確さや流暢さに秀でたスピーキングができたとしても、聴衆の反応におかまいなしに一方的にまくしたてるような話し手は、優れた話し手とは言えないだろう。自分の発話に対する相手の理解度や自分と相手との関係に応じて発話内容や丁寧さの度合い、「発言の順番」(turn)を適切に調整できることも、重要なスピーキング能力の側面だと言えよう。

　また、外国語である以上、母語のようにコミュニケーションがスムーズに進まない場合にどのように自分の能力不足を補って切り抜けることができるかも重要な能力であり、このような能力は「方略的能力」(strategic competence)と呼ばれている。例えば、会話中に「獣医」を表す英語 "veterinarian" が思い浮かばないときに、相手に向かって "a doctor for animals" のように言い換えて会話を続けようとしたり、「卓球」を表す英語 "table tennis" が分からないときに、卓球の動作をするジェスチャーを交えて相手に言いたいことを伝えようとする能力である。

2. 教室におけるさまざまなスピーキング活動

　日本人英語学習者にスピーキング力を効果的に身につけさせるためにはどのような学習・指導が望ましいであろうか。いきなりトピックを与えて英語でスピーチをさせたり、相手と即興で英語の会話を続けさせようとしても実現困難であることが多い。4技能のうち、スピーキングは多くの日本人英語学習者にとって最もなじみの薄い活動であるゆえ、段階を追った指導が不可欠である。

（1）ロール・プレイ（role play）

　レストランでの客と店員の会話や、乗客と客室乗務員との会話のようなモデルダイアログを、ペアやグループで役割を決めて会話させる活動である。場面や状況に合った定型表現を繰り返し声に出させ、感情を込めて練習させる。話す内容や言語形式はあらかじめ決められているため、生徒にとって比較的負荷の低い活動である。台本の読み合わせのような活動だが、せりふの一部分を虫食い状態のように空白にしたり、語句は与えるが語順をバラバラに提示したセンテンスを自力で並べ替えたりさせるように課題をアレンジしたりすることで、徐々に負荷を高めていくことができる。最終的には、場面・状況や役割の設定（どのような人物で何をしたいのか、など）のみを生徒に提示し、自作したダイアログを演じたり、あるいは、即興で演じたりできるようになるとよい。このように徐々に表現の自由度を上げていき、即興的要素を加えていくことで、スピーキングの流暢さを鍛えることができる。

（2）プラスワン・ダイアログ（plus-one dialog）

　モデルダイアログに必ず自分で何か一言付け加えて演じさせる活動である。教科書の本文はいわば一方的に与えられた英文であるが、それに生徒自身が作った英文を付加させることで、生徒にとって身近に感じられる英文となる。前年度に使用した教科書の本文を再利用してプラスワン・ダイアログをやらせると、生徒にとっては教科書本文の良い復習となるとともに、前年度まで言えなかったことが表現できるようになっている自分の英語力の向上を自身で体感できる良い機会となる。

（3）インフォメーション・ギャップ活動（information-gap activity）

　お互いに持っている情報の一部が異なっていたり、自分が持っていない情報を相手が持っているなどの状況の中で、相互に情報のやり取りを口頭で行い、情報格差を埋めていく活動である（第9章第3節1. p.155参照）。

典型的な活動例としては、「ジグソータスク」(jigsaw tasks) がある。この活動では、ペアのそれぞれの生徒に同じ内容に関するワークシートを配布するが、一方の生徒のワークシート上の情報が、他方の生徒のワークシート上の情報と相補的となるように分割しておく。このため、「情報のジグソーパズル」を完成させるためには、自分の手元にない情報を相手からもらい、自分は相手の持っていない情報を相手に与えなければならない。その過程で、英語による双方向の活発なやり取りを繰り返し行う必要が生ずる。例えば、「野菜の好き嫌い調査結果」が記載されたワークシートの登場人物の半分の結果を自分が持ち、もう半分の人の結果を相手が持っているような場合、相手に対して "Does Ken like onions?" や "Does Mary like carrots?" といった質問をし、また、相手からの質問に自分の手元の情報を見ながら回答するようなやり取りを行う。お互いのワークシートに描かれたイラスト中の微妙な違いを探し出す「間違い探し」(Find the Differences) も、中・高生が好む活動である。

　上記の活動は多くの場合、ペアやグループで行うのに対し、クラスの1人の生徒が持つ情報を、他の生徒全員が英語の質問をすることによって言い当てる「20の質問」(Twenty Questions) という活動もある [Nation & Newton 2009]。1人の生徒Aをクラスの前に立たせて、ある言葉を頭の中で考えてもらい（動物、食べ物、著名人の名前などジャンルを教員が指定する場合もある）、残りの生徒たちは "Is it big?" "Is it in this room?" "Do you use it every day?" のような yes/no 疑問文を投げかける。生徒Aはそれに対し "Yes" あるいは "No" のみで回答し、生徒たちは質問を20個する前にその言葉が何かを当てなければならないというルールとなっている。

（4）インタビュー (interview)

　英語によるインタビューは、インフォメーション・ギャップ活動の一種と捉えることもできるが、できるだけ多くの人についての情報を集める点が特徴である。教室を歩き回って、クラスメートに順次 "What did you watch on TV this morning?" と尋ね、テレビ視聴に関する視聴率調査をし

たり、クラスメートの好きな科目が何かという情報を、英語でインビューしながら集め、実態を調べて発表したりする。

　Find Someone Who...という活動では、"Find someone who likes tennis." や "Find someone who drank coffee this morning." のような指令が事前にワークシートに書いてあり、教室内を動き回りながら、クラスメートに "Do you like tennis?" や "Did you drink coffee this morning?" などと英語で質問し、また、自分自身も相手からの質問に答えながら、該当する人物の名前を記載していく。インタビュー後は、その結果について、クラス全体に結果を発表する。

(5) チャット (chat)

　毎回の授業の冒頭の数分間などを使って、教師が指定したテーマについて、ペアで英語でおしゃべりをする活動である。1分間チャットのように、1分経過したら話し手と聞き手の役割を交代するなど、時間を限定して活動させるとメリハリのある活動となる。毎回の授業で「帯活動」として短時間でも自由に英語で発話させることで、英語でのスピーキングに対する生徒の抵抗感を徐々に和らげていくことが期待できる。チャットの運用の工夫として、「フォー・スリー・ツー」(4/3/2) という方法がある。これは、与えられたトピックについて異なる3人の話し相手とペアになって話す活動である。同じ話を3回繰り返しすることになるが、1人目に話すときは4分間、2人目は3分間、3人目は2分間というように、話すための制限時間を徐々に短くしていく。流暢性が高まると同時に発話内容の正確さ・複雑さを高めることができると言われている [Nation & Newton 2009]。

(6) スピーチ (speech)

　あるテーマに基づき、まとまった長さの内容を口頭でクラスメートの前で発表させる活動である。時間をかけてスピーチ内容を考え、リハーサルを行ったうえで発表するスピーチ (prepared speech) よりも、即興スピーチ (impromptu speech) のほうが難易度が高い。また、実物や写真などを聴衆

に見せながら行うスピーチと比べ、音声情報のみのスピーチのほうが難しいと言える。授業で初めてスピーチ活動を取り入れる際には、十分な準備時間を与え、準備が整った段階で視覚情報を聴衆に与えながらスピーチをする Show and Tell のような活動から始めてみるとよい。

(7) ディベート (debate)

あるテーマについて肯定側と否定側に分かれ、相手の主張の矛盾点などを指摘しながら、自分たちの主張の優位性を聴衆に訴え、最終的にジャッジに討論の勝敗を判定してもらう活動である。「ペットとしては猫より犬のほうがよい」や「中学校において制服は必要である」といった、生徒にとって身近で気軽にいろいろな意見を述べられる論題を選定するとよい。

(8) ディスカッション (discussion)

あるテーマについてグループで意見交換をする活動である。ディベート同様、生徒にとって身近なテーマから始めるとよい。テーマの設定の仕方によって、各自の意見を自由に述べて終わる「拡散型」のタスク（例：高校生が学校に携帯電話を持ち込むことの長所と短所は何か）と、グループで話し合うことでなんらかの解決策を導かせる「収束型」のタスク（例：無人島で生き延びるために持参する品物をたくさんの選択肢の中から5つだけ選ぶ）に分かれる。司会進行役、書記、話し合いの後にその内容をクラスのほかのグループに発表する報告者など、グループの中での役割を決めておくなど、活動形態を適宜工夫するとよい。

上記のほかにもさまざまなスピーキング活動があり（[小菅・小菅 1995; 樫葉 2008; ELEC同友会英語教育学会実践研究部会編 2008; Nation & Newton 2009; 本多 2009; 赤池 2012] など）、スピーキング指導に関するさまざまなアイディアが集められており、参考になる。

3. スピーキング指導の留意点

(1) スピーキングにおける誤りへの対処

スピーキング活動の際に多量に出てくる生徒の英語の誤りにどう対処するかは常に考慮しておくべきである。活動の目標に照らして誤りを訂正する場合と意図的に訂正しない場合がある。訂正する場合にも、生徒の発話に対して誤りがあることをはっきり伝える明示的訂正と、暗にほのめかす暗示的訂正がある。また、これらの訂正は、教師が正しい言語形式を提示する「インプット提供」(reformulations) なのか、学習者が自己訂正をするように仕向ける「アウトプット誘導」(prompts) なのかという観点からも分類することができる [Lyster et al. 2013; 新谷 2015]。

	暗示的	明示的
インプット提供	言い直し	明示的訂正
アウトプット誘導	繰り返し 明確化要求	メタ言語コメント 誘出

出典：[新谷 2015] p.11を一部改変

以下に、誤りに対する各タイプのフィードバックの具体例を挙げる。

1) 言い直し (recast)

学習者の誤った言語形式を修正した発話を聞かせる。

　　S: Megumi lives Osaka.

　　T: Oh, Megumi lives in Osaka. I see.

2) 繰り返し (repetition)

学習者の誤った発話を修正せずにそのまま繰り返して言う。誤りのある箇所をほのめかすようにイントネーションを調整することが多い。

　　S: Ken like soccer.

　　T: Ken LIKE soccer?

3) 明確化要求 (clarification request)

"Pardon?" のような言葉を相手に投げかけることで、再度発話を促す。

　　S: I was stolen my bike.

T: What did you say? / What do you mean?
　4）明示的訂正（explicit correction）
　誤りがあることを明確に伝え、訂正する。
　　　S: I go to hospital yesterday.
　　　T: You should say "I went to hospital yesterday."
　5）メタ言語コメント（metalinguistic clue）
　手短に言語形式の誤りについてのコメントを与える。
　　　S: Hiroshi work at a restaurant.
　　　T: 主語が三人称単数ですよ。／動詞は原形でいいですか？
　6）誘出（elicitation）
　学習者の発話の誤り部分の直前まで教師が言ってからポーズを置くことで、学習者に正しい形式を使った発話を言わせようとしたり、How do you say … in English? といった疑問文により、誤りを含む箇所の言い直しを求めたりする。
　　　S: I have two dog.
　　　T: I have two …. / How do you say "2匹の犬" in English?
　どのような誤りの対処がどのような特徴を持った学習者のスピーキング力の向上に寄与するのかについては、研究の途上であるが、白畑（2015）によると、教師の明示的な指導や誤り訂正は、その訂正直後に効果があるものの、2か月以上にわたってその効果が継続するかどうかは文法項目によって異なることや、明示的指導の効果や誤り訂正の効果は学習者の英語の習熟度と関係が深いことがさまざまな実験によって明らかになったという。これまでの研究の結果を大いに参考にしながら、英語教員はより効果的な誤りの対処の仕方を実践の中から探っていく必要がある。

　（2）発話を促す工夫

　誤りの訂正のための教師から生徒へのフィードバックのみならず、生徒どうしのスピーキング活動の際にも明確化要求や確認チェックのための定型表現を意識的に使用するように指示しておくことで、生徒どうしの相互

交流を促すことができる。また、黒板などに吹き出しの形に切り取った定型表現カード（"How do you say … in English?" "Can you speak more slowly?" "What does … mean?" など）を掲示し、会話に詰まった際にヒントとして活用するように指示しておくとよい。

(3) 自己パフォーマンスをチェックさせる工夫

　生徒のスピーキング活動の様子は、ICレコーダーやビデオなどで記録しておき、生徒に自分のパフォーマンスを自分自身でチェックさせる機会を与えるとよい。生徒は自分のスピーキングを客観的に分析することで、より良いパフォーマンスをするための課題に自分で気づくことができる。

おわりに

　生徒のリスニング・スピーキングの能力を向上させるためには、実際に英語を「聞き」「話す」活動をする機会をできるだけ多く与えることが不可欠である。指導の際には、音声によるコミュニケーションにはさまざまな困難点があることを教師が常に意識したうえで、教材や課題の難易度の調整と適切なフィードバックをしっかり行うようにしたい。

引用・参考文献

　赤池秀代「スピーキング」金谷憲編集代表『英語授業ハンドブック〈高校編〉DVD付』大修館書店、2012年、pp.177-190

　ELEC同友会英語教育学会実践研究部会編著『中学校・高校英語　段階的スピーキング活動42』三省堂、2008年

　樫葉みつ子『英語で伝え合う力を鍛える！1分間チャット＆スピーチ・ミニディベート28』明治図書、2008年

　門田修平『シャドーイングと音読の科学』コスモピア、2007年

門田修平『シャドーイング・音読と英語コミュニケーションの科学』コスモピア、2015年

小菅敦子・小菅和也『スピーキングの指導——英語教師の四十八手』研究社、1995年

靜哲人『ENGLISHあいうえお——これができれば英語は通じる』文藝春秋、2006年

靜哲人『絶対発音力——「マトリックス方式」で脱日本人英語』ジャパンタイムズ、2009年

白畑知彦『英語指導における効果的な誤り訂正——第二言語習得研究の見地から』大修館書店、2015年

竹林滋・清水あつ子・斎藤弘子『改訂新版　初級英語音声学』大修館書店、2013年

新谷奈津子「フィードバックに関するFAQ: いつ、なにを、どうすればいいか——第二言語習得研究からの示唆」『英語教育』第64巻第6号、大修館書店、2015年、pp.10-13

高山芳樹「通じる英語を目指した発音指導の在り方」『英学論考』第39号、東京学芸大学英語合同研究室、2010年、pp.87-104

鳥飼玖美子『国際共通語としての英語』講談社、2011年

中森誉之『学びのための英語学習理論——4技能の指導方法とカリキュラム設計の提案』ひつじ書房、2010年

服部範子『入門英語音声学』研究社、2012年

馬場哲生編著『英語スピーキング論』河源社、1997年

本多敏幸「リスニング」金谷憲編集代表『英語授業ハンドブック〈中学校編〉DVD付』大修館書店、2009年、pp.148-155

本多敏幸「スピーキング」金谷憲編集代表『英語授業ハンドブック〈中学校編〉DVD付』大修館書店、2009年、pp.177-190

村野井仁『第二言語習得研究から見た効果的な英語学習法・指導法』大修館書店、2006年

渡辺浩行『リスニングの指導——英語教師の四十八手』研究社、1994年

Celce-Murcia, M., Brinton, D. & Goodwin, J. *Teaching Pronunciation, Second Edition*, New York: Cambridge University Press, 2010

Levelt, W. J. M. *Speaking: From Intention to Articulation,* Cambridge, MA.: The MIT Press, 1989

Lyster, R., Saito, K. & Sato, M. "Oral corrective feedback in second language classrooms," *Language Teaching, Vol.46, Issue 1*, pp.1-40

Nation, I.S.P. & Newton, J. *Teaching ESL/EFL Listening and Speaking*, New York: Routledge, 2009

Walker, R. *Teaching the Pronunciation of English as a Lingua Franca*, Oxford: Oxford University Press, 2010

第11章 リーディングの学習と指導

はじめに

　この章では、リーディングのプロセスを概観し、読み方に応じた指導法の具体例を学ぶ。第二言語のリーディングの特徴を理解した上で指導目標に応じた指導法を考えることで、より効果的なリーディング指導を実現させることができる。

第1節　リーディングのプロセス

1. ディコーディングと理解

　読解のプロセスは「ディコーディング」（decoding）と「理解」（comprehension）の2つに分けて考えることができる［門田 2015 p.115］。
　「ディコーディング」の過程には、「文字認知」「語彙処理」「音韻符号化」

が含まれる。このうち「音韻符号化」とは、文字から音を喚起する過程のことで、私たちは文章を読むとき、認知した語を心の中で音声化していると考えられている［天満 2002 p.20］。文字の音声化は、読み取った情報を記憶にとどめておく役割を担う。私たちが文章を読むときは、すでに読み取った情報を、後から出てくる情報と統合するために、一定時間短期記憶にとどめておく必要がある。このとき、文字から得られた視覚的情報が音韻符号化により音声的情報に変換されると、効率よく記憶に保持されると言われている。

　「理解」の過程には、「統語処理」「意味処理」「スキーマ処理」「談話処理」が含まれる。このうち「スキーマ処理」とは、私たちの頭の中に記憶されているさまざまな知識を参照しながら文章を読み進めていく過程である。「スキーマ」（schema）とは、人間の持つ階層化されている知識層のことで［Carrell & Eisterhold 1983］、読解に関連するスキーマには、「内容スキーマ」（content schema）と「形式スキーマ」（formal schema）がある。内容スキーマには、文化的・科学的・社会的・技術的な知識など、社会全体のあらゆるトピックに関する知識が含まれる。形式スキーマには、文字、綴り、文法、パラグラフの構成、談話構造などの言語的知識が含まれる。私たちが文章を読んで理解する過程では、両方のスキーマを活性化して予測や推論をしながら文章を読み進めている［高梨・卯城 2000 p.202］。

2. ボトムアップ処理とトップダウン処理

　ここまで述べたように、読解のプロセスにはさまざまな情報処理操作が含まれる。これらの操作は「ボトムアップ処理」（bottom-up processing）と「トップダウン処理」（top-down processing）という2つの観点から考えることができる。ボトムアップ処理とは、文字認知から始まり、単語、句、文、パラグラフ、そして文章全体の理解、というように言語的に小さな単位から大きな単位へと順に理解を積み重ねていくプロセスである。一方、トップダウン処理とは、言語的に大きな単位から小さな単位へと処理を積み重

ねていくプロセスで、例えば文脈情報から語義を特定するといった読み方がこれに該当する。また、スキーマを活性化してテキスト外の知識を活用して文章理解を図るというプロセスも含まれる。私たちが日常的に文章を読むときには、ボトムアップ処理とトップダウン処理の両方が作用していると考えられている［Stanovich 1980］。同じことが、リスニングにおいても言える（第10章第１節 1. p.166参照）。

　文字の認識、単語の認知、各文の構造理解といったボトムアップ処理を「自動化」（第９章第２節 1. p.151参照）してスムーズに進めることで、文と文の関係や文章全体の流れを理解するといった、より高次の処理に費やす余裕が生まれ（すなわち認知資源が確保され）、最終的に文章の内容を正しく理解することができることから、文章を理解するには、その文章に含まれている一文一文をある程度の速さで読み進められなければならない［Carver 1977; 1984; 1992］。リーディングの指導では、ボトムアップ処理の自動性を向上させる指導とトップダウン処理に関するストラテジーを教えることの両方が必要となる［高梨・卯城 2000 p.13］。

第2節　リーディング指導の実践

1．さまざまな読み方

　私たちが文章を読むとき、その読み方はその人の読解力や読みの目的などによって違ってくる。読みのタイプとしては、①理解の精密さに関して「精読」「粗読」、②速さに関して「速読」「遅読」、③量に関して「多読」「少読」、④目的に関して「情報収集」「鑑賞」、などの対立軸を設定できるが、これらの中で英語教育において一般によく用いられるのが「精読」(intensive reading)、「速読」(rapid reading)、「多読」(extensive reading) という概念である。

　精読とは、文章の内容や言語表現を詳細に分析しながら読む読み方であ

る。速読とは文字どおり速く読むことであり、自分にとって必要な情報を文章の中から探し出す「情報検索読み」(scanning) や、文章に書かれた概要を把握することを目的とした「大意把握読み」(skimming) などがある。多読とは、文章の内容や大意を把握することに重点を置いて大量に読むことである。本節ではこれらの3分類を基に指導のあり方を考察する。

2. 精読の指導

精読の指導の際に焦点を当てるポイントには、①文章の内容、②語彙（綴りと文字の関係、意味）、③文法（文構造など）、④結束性（代名詞や接続表現など）、⑤トピックやジャンルによる文章構造の違い、などがある［Nation 2009 p.26］。

(1) 英文和訳

精読の指導では、教師が個々の文の意味や構造について解説を加えながら授業を進めていく「訳読式」の授業が広く行われている。この形式の授業のメインとなる英文和訳活動には、以下のような長所・短所があると考えられる。

英文和訳の長所
a) 生徒が文の構造や意味を理解しているかどうかを確認する簡便で確実性の高い方法である。
b) 生徒に文の構造や意味を理解させるための簡便で確実性の高い方法である。

英文和訳の短所
a) 英文和訳タスクは、英語の直読直解の妨げになる可能性がある（ただし、このことは立証されているわけではない）。
b) 予習をしない生徒にとっては、授業は日本語訳を写すだけの時間になってしまいがちである。
c) リーディング・スキルを身につけさせるには、英文和訳だけでは不

十分である。

最近では、コミュニカティブな授業に対立するものとして訳読式授業が取り上げられ、その短所が論じられることが多いが、大切なのはバランスである。英語を日本語に訳すだけで授業が終わってしまうことがないように、以下に示すような英文和訳以外の活動を積極的に取り入れたい。

(2) スキーマを活性化させるための指導

教科書本文を読む前に、題材や教科書に出てくる文構造などに関する生徒のスキーマを活性化させるとよい。その方法の一つに、「オーラル・イントロダクション」(oral introduction; OI) がある。OIとは、教師が簡単な英語を使ってテキストの題材（内容）に関する話題を提供したり、文構造に関する説明をしたりすることである。この活動は、生徒に知識を与えるためのものではなく、生徒の頭の中にある知識を活性化させて、その後の読解活動をやりやすくするためのものである［卯城 2009 p.61］。

OIの形式には、①one-way（教師による解説を生徒が聞く）と、②interactive（質問応答、発音練習、構文練習などを組み込んで、生徒にも積極的に発話させる）があり、②をoral introduction with interactionまたは単にoral interactionと呼ぶこともある。また、OIの内容には、(a) 本文の内容そのものには踏み込まず、関連した話題を扱うものと、(b) 本文に書かれた内容そのものを口頭で理解させるものがある。(b) のタイプのOIを実施すると、生徒は教科書を開く前に本文の概要を理解していることになるため、リスニングの訓練としての役割が主となり、初見の文章を自力で読む力を身につける訓練とは性質が異なるので、目的に応じて適切な方法を選択することが重要である。

(3) 発問の工夫

発問とは、教師が生徒に文章の内容に関する質問を投げかけることである。発問は、生徒がどの程度文章の内容を理解できているかを確かめるだけでなく、生徒にどのような点に注目して読ませるかをコントロールする

表1　読解発問の構成要素

発問の内容	①事実：本文に書かれている事実を問う。 ②推論：行間や文脈から推測させる。 ③応用：個人的な意見や感想を問う。
発問の時点	①本文を読む前：題材に関するスキーマを活性化し、読み方のヒントを示す。 ②読みながら：読み取るべきポイントを示し、そこに生徒の注意を向ける「読解のナビゲーター」の役割を果たす。 ③読んだ後：生徒の内容理解度を確かめる。
発問のフォーマット	①True or False　②多肢選択式　③自由回答式
発問の言語	①日問日答　②日問英答　③英問日答　④英問英答
発問のモード	①口頭　②文書（ワークシート、黒板、電子機器）
発問作成者	①教師　②生徒

出典：[高梨・卯城 2000 p.74] を基に作成

目的でも活用することができる。表1に発問の内容と形式のバリエーションを示す。

また発問を作成する際には、①発問の意図は明確か、②文章を読まなければ答えられない質問になっているか（文章を読まなくても一般常識で答えられる質問になっていないか）、③自分（教師自身）が答えられる質問になっているか、などの点に留意することが重要である。

　（4）音声に合わせた黙読（reading while listening）

　CDなどの音声を聞きながら本文を目で追っていき、内容理解をしようとする活動である。音の強弱、リズム、イントネーション、ポーズなどの音声情報から、文字情報だけでは得られない情報を得ることで理解を促す役割と、文字と音声の結びつきを強化する役割が期待される。

　（5）フレーズ・リーディング（phrase reading）

　構造や意味のまとまりごとに区切って印刷されたテキストを読ませる活動である。構造や意味の切れ目を把握できるようにする役割と、返り読みせずに英語の語順のまま理解をしていく役割が期待される。

3. 速読の指導

読みの速度を上げるための活動としては、以下のようなものが挙げられる。

(1) 情報検索読み（scanning）

情報検索読みでは、文章に書かれている内容を網羅的に理解するのではなく、ある特定の情報を文章の中からできるだけ速く探し出すことが求められる。このようなスキルを鍛えるために授業中に行う活動の例として、次のようなものがある。

ワード＆フレーズハント

「人物の名前」「日付」「数字」「特定の単語やフレーズ」など、指示された単語やフレーズを文章の中からできるだけ速く探し出す。この活動では文章の意味をじっくりと考えることはせず、文字を追って単語やフレーズを見つけ出す練習をする。同じ日に発行された複数の英字新聞を用意し、特定の見出しを探させるタスクなども考えられる。

情報検索活動

英字新聞や雑誌のテレビ欄や広告、あるいは記事の中から、あらかじめ指示された情報をできるだけ速く探し出す。例えば、「サッカー日本代表の試合が放映されるチャンネルと時間帯はどこか」「1週間滞在するとしたら、どのホテルが一番安く泊まれるか」「明日のロンドンの天気は？」といった質問を投げかけ、該当する情報をできるだけ速く探し出して読み取る活動が挙げられる。

(2) 大意把握読み（skimming）

大意把握読みでは、文章全体をざっと読み、大事な情報だけをすくい取って（skim）正しく理解することが求められる。そのためには、予測や推測をしながら読み進めるスキルと、分からない単語があっても飛ばして読み進めるスキルが特に重要になってくる。このようなスキルを鍛えるた

めの活動例を以下に示す。

タイトルや挿絵等から文章の内容を予測する活動

　文章を読む前に、タイトル、見出し、挿絵や写真などを見て、書かれている内容を予測する。その後で文章を読み、自分の予測が合っていたかを確認する。

文章のトピックやタイトルを推測する活動

　タイトルを隠した状態で文章全体にできるだけ速く目を通し、その文章のトピックやタイトルを推測する。答え合わせをする際に、文章の中でタイトルの予測に役立つ情報がどこに書かれているかを確認し、文章やパラグラフの構造を学ぶ。

未知語を飛ばして読む活動

　生徒に、文章の中で意味が分からない単語を鉛筆やペンで塗りつぶすように指示する。あるいはあらかじめ単語が塗りつぶされたプリントを教師が用意する（ただし、塗りつぶす単語の数は文章全体の5％程度に収める）。その状態で文章全体をざっと読み、メインアイディアを述べたり、質問に答えたりする。メインアイディアや質問に対する正答を確認した後に、単語が塗りつぶされていない原文を配布する。

(3) WPMの測定

　WPM (words per minute) とは、「1分間に意味を理解しながら読み進められる語数」を表す数値である。速読の活動やトレーニングを進めていく中で、定期的にWPMを測り記録をつけていくことで、生徒の動機づけになる。最も単純なWPMの算出方法は、「読んだ語数÷秒数×60」だが、これに理解度を加味するために、読解後に内容理解の質問を解かせ（このとき本文を見ないで答える）、その正答率を式に加える方法もある。その場合は以下の公式を用いてWPMを算出する。

> WPM＝「読んだ語数÷秒数×60」×「正答数÷質問の総数」

　例えば、130語の文章を70秒で読み、内容理解の質問5問のうち、4問

に正解した場合、WPM=（130÷70×60）×（4÷5）=90（小数点以下は切り上げ）となる。なお、この値を、理解度を加味しないWPMと区別して「読みの能率度」（reading efficiency index）と呼ぶこともある［高梨・卯城 2000 p.290］。このような活動は継続的に行い、WPMの推移を記録させるとよい。

（4）継時処理タスク（serial processing task）

PowerPointなどのプレゼンテーション・ソフトを利用して、フレーズを順次表示し、数秒たったら次のフレーズに切り替えていくという方法である。一般に、リスニングにおいては、相手の話す速さに合わせて理解していかなければならず、また、音声は瞬時に消えてしまうために後戻りはできないため、入力情報を順番に（継時的に）処理しなければならない。一方、通常の読解においては、自分のペースで読み進めることができ、文字は消えないために後戻りも可能である。継時処理タスクは、①フレーズの表示速度についていかなければならない、②文字は消えていくので帰り読みできない、という特徴を持っており、リスニングに近いリーディング活動であると言える。読む速度の向上とともに、リスニング能力向上への貢献も期待される活動である。

4. 多読の指導

（1）多読の三原則

多読ではとにかく「たくさん読む」ことがポイントになる。たくさん読むためには読書を継続しなければならず、そのために生徒が守るべきルールとして、「多読の三原則」が提案されている［酒井・神田 2002 p.7; 古川 2010 p.112］。

①辞書を引かずに楽しめるものを読む（辞書は引かない）。
②分かるところをつなげて読む（分からないところは飛ばす）。
③自分がおもしろいと思う本を選んで読む（つまらなくなったらやめる）。

これらの原則を守るために留意すべき点として、第1に適切な多読教材の選定がある。例えば、多読の三原則①を可能にするためには、辞書を引かなくても未知語の意味をある程度は推測できる本を手に取らなければならない。未知語の推測が可能になるのは、文章全体の95～98％の語彙が分かっている場合であると言われている [Hu and Nation 2000]。すなわち、未知語の割合が2～5％程度であれば、辞書を引かなくても意味を推測して読み進めることができる。なお、本を読み終わった後に、気になる単語を辞書で調べることはもちろんかまわない。

　第2に、読んだ内容を100％理解することを目指すより、70％程度の理解を目指して読書を継続することである。もちろん理解度を100％に近づけられればよいが、それにこだわりすぎるあまり読書が止まってしまうことは避けたい。読書量を確保するためには、多読の三原則②にあるように、分からないところは飛ばし、分かるところをつなげて読み進めなければならない。

　多読の指導をする教師の側にも注意が必要である。特に多読の三原則③に関して、生徒がつまらなそうに本を読んでいたり、読書のペースが遅くなったと感じたときは、教材が生徒のレベルに合っていない可能性があるので、本を変えてみるようにアドバイスしてあげるとよい（選書指導）。また、多読はあくまでも生徒の自主的な読書を促す活動なので、無理やり読みたくない本を読破させたり、本を読んだ後にテストを行ったりすることは避けるべきである。代わりに、読書記録をつけさせて定期的に回収することで、学習の進捗を確認することができる。多読は生徒の自主性のみに任せていては成功しない。生徒の様子を見ながら教師が適切なアドバイスを与え導いてあげることで、読書の継続が可能になる。

　そして何より大切なのは、指導に当たる教師自身が多読教材をよく研究しておくことである。教師自らも多読教材を手に取り読んでみることで、生徒に適切な選書指導ができる。自分に合った本が何であるかが分からずに読書が止まってしまう生徒に対し、「この本を読んでみたら？」とアドバイスできるし、生徒が書いた感想を共有することもできる。

(2) 多読教材

多読教材として広く使われているものに、「英語学習者用の段階別読み物」(graded readers) と「英語圏の子どもたちの学習用段階別読み物」(leveled readers) がある。以下にそれぞれの一例を示す。

■ Graded readers
  Penguin Readers（Pearson Longman）
  Oxford Bookworms（Oxford University Press）
  Cambridge English Readers（Cambridge University Press）
  MacMillan Readers（Macmillan）

■ Leveled readers
  Oxford Reading Trees: Kipper Series（Oxford University press）
  I Can Read Books（HarperCollins）
  Step into Reading（Random House）

これら以外にも、英語圏の絵本、児童書、ティーンズ向けの一般書など、生徒が興味を持ちそうな教材をそろえるとよい。多読教材を詳細に紹介したウェブサイトとして、「SSS英語多読研究会」のウェブサイト（http://www.seg.co.jp/sss/）が有用である。

(3) 検定教科書の活用

前項で示したような多読教材を準備するのが難しい場合は、過去の学年で使用した教科書を使って多読（に近い活動）をすることができる。例えば、①中学校3年生の場合、1・2年生のときに使った教科書を再利用する、②中学校で、自分たちが使っている教科書以外の検定教科書を多読教材として1クラス分購入して授業で使う、③高等学校で、中学校3年生用の検定教科書を1クラス分購入して授業で使う、などの方法がある。

5. 読解後に行う活動 (post-reading activities)

　リーディングの学習・指導のゴールは、文章の内容理解にとどまらない。読んで理解した内容を基に、話す・書くといったアウトプット活動をすることで、言語運用能力の向上を図ることができる。ここでは文章の内容理解が終わった後に行う活動をいくつか紹介する。

(1) 音読 (oral reading / reading aloud)

　音読のやり方にはさまざまなバリエーションがあり、それらは「活動形態」「タイミング」「速度調整」「演出上の工夫」の観点から分類することができる。以下にそれぞれについて指導例を示す。

活動形態
- 一斉音読：クラス全体で声を合わせて音読する。
- 個人読み：クラスの前で一人ずつ音読したり (individual reading)、各自が個人のペースで音読したり (buzz reading) する。
- ロールプレイ音読：ダイアログの役割ごとに分担を決めて、その役になりきって音読する。

タイミング
- 内容理解の前の音読：初見の文章を音読する。文字と音を瞬時に一致させて正しく音声化する練習として用いる。
- 内容理解の後の音読：すでに内容を理解した文章を音読する。意味を考えながら（思い出しながら）音読することで、文章に含まれる語彙や表現、構文の定着を目指す。意味を伴った (meaningful) 言語活動としては、内容理解後の音読が推奨される。

速度調整
- 制限時間付き音読：指定された範囲を音読するとき、徐々に制限時間を短くしていく。
- 速音読：発音やイントネーションに注意しながら、できるだけ速く音読させる。

・追いかけ音読：ペアになって、一人が最初に音読を始め、数秒後にもう一人が追いかける形で音読する。指定された範囲をペアの相手よりも速く読み終わることを目指す。

演出上の工夫

・四方読み：指定された範囲を1回読むごとに体の向きを変えていく。例えば、1回目は正面、2回目は右側、3回目は後ろ、4回目は左側を向いて音読する。
・感情付き音読：「楽しそうに」「悲しそうに」「怒っている感じで」などのように、指定された感情をこめて音読する。
・場面付き音読：「図書館で」「にぎやかな交差点で」「満員電車の中で」などのように、設定された場面にいるつもりで、声の大きさや動作を加えながら音読する。
・動作付き音読：会話形式のテキストを音読するときに、「テニスのラリーをしながら」「料理をしながら」などのように動作をつけて音読する。

(2) パラレル・リーディング (parallel reading)

　再生される音声に合わせて音読する活動で、「オーバーラッピング」(overlapping) とも呼ばれる。音声と文字の結びつきを強化するとともに、アウトプット活動への橋渡しの役割を担う。

(3) リード・アンド・ルックアップ (read and look up)

　教師の"Read"という指示で、テキストの英文を黙読・暗記し、"Look up"の指示で顔を上げ、"Say"の指示で覚えた英文を再生する。"Look up"と"Say"の間に数秒間ポーズを入れたり、"One, two, three"と言わせたり、手を3回たたくなどの動作を入れることで、活動の負荷を高めることができる。ペアになって一文ずつ交代で行うこともできる。また、"Read"の指示の後に、黙読ではなく音読させると、「二度読み」という活動になる。

(4) シャドーイング（shadowing）

第10章第1節 2. p.167-168を参照。

(5) ディクトコンプ（dicto-comp）／ディクトグロス（Dictogloss）

第12章第2節 1. p.206-207を参照。

(6) 再生（reproduction / retelling）

教科書を見ないで、本文の内容を英語で再生する活動である。

活動形態

再生の活動形態にはさまざまなバリエーションがある。

・全体再生と部分再生：①文字を全く見ないで、絵や写真などを見ながら、本文の内容全体を再生する形式、②複数のキーワードをヒントにしながら再生する形式、③本文の一部の空欄を穴埋めしながら再生するする形式（partial reproduction）などがある。

・口頭再生と筆記再生：口頭で再生するのが一般的であるが、ワークシートを配布して筆記（作文形式）で行うこともできる。

・個人、グループ、クラス全体：①ワークシートを基に各自で行う形式、②ペアやグループで分担したり交代したりして行う形式、③一人ずつ教室の前に立って紙芝居のように行う形式、などがある。

段階的に難易度を上げる工夫

難易度を徐々に上げる工夫としては、①ヒントとなるキーワードを徐々に減らしていく、②ワークシートの空欄を、語→フレーズ→文頭の文字以外全て、というように徐々に増やしていく、③最初は原稿を持たせ、途中から持たせなくする、などの方法がある。さらに発展的な活動として、本文の内容のみでなく、関連する新情報や自分の感想などを付け加えさせる「プラス・ワン」（plus one）再生を行うこともできる。

（7）ロール・プレイ（role play）

第10章第3節 2. p.177を参照。

（8）アウトプット活動

　読んで理解した内容の再生からさらに進んで、①テキストの内容を要約して述べる（書く）活動、②本文が会話形式の場合、続きの会話を考えて話す（書く）活動、③感想や意見を述べる（書く）活動、などを取り入れることで、リーディング活動から発展的な産出活動に移行していくことができる。

おわりに

　ネイション（I. S. P. Nation）は、言語学習において①意味の伝達中心のインプットを得ること（meaning-focused input）、②相手にメッセージを送ることを目的に話したり書いたりすること（meaning-focused output）、③言語的な特徴（文法や語法など）に注目した学習を行うこと（language-focused learning）、④すでに知っている言語知識などを活用して、より速く情報を処理できるようになることを目指すこと（fluency development）、が重要であると述べている［Nation 2009］。

　リーディング指導にこの4つの観点を当てはめて考えてみると、①多読を通した学習、②読んだ内容を基に話したり書いたりする活動、③精読や語彙学習、④未知語がほとんどない教材を使った速読、などを挙げることができるであろう。新しい語彙や文法項目などを学ぶことだけでなく、既習の知識を使った情報処理の効率を上げることも、言語運用能力を向上させるためには不可欠であることを忘れてはならない。

引用・参考文献

卯城祐司編著『英語リーディングの科学―「読めたつもり」の謎を解く』研究社、2009年

卯城祐司編著『英語で英語を読む授業』研究社、2011年

酒井邦秀・神田みなみ『教室で読む英語100万語―多読授業のすすめ』大修館書店、2002年

門田修平『シャドーイングと音読の科学』コスモピア、2007年

門田修平『シャドーイング・音読と英語習得の科学』コスモピア、2012年

門田修平『シャドーイング・音読と英語コミュニケーションの科学』コスモピア、2015年

門田修平・野呂忠司編著『英語リーディングの認知メカニズム』くろしお出版、2001年

金谷憲編『高校英語授業を変える！〜訳読オンリーから抜け出す３つのモデル』アルク、2011年

小池生夫監修・SLA研究会編『第二言語習得研究に基づく最新の英語教育』大修館書店、1994年

高梨庸雄・卯城祐司編『英語リーディング事典』研究社、2000年

天満美智子『英文読解のプロセスと指導』大修館書店、2002年

古川昭夫『英語多読法　やさしい本で始めれば使える英語は必ず身につく』小学館、2010年

Carrell, P. L. & Eisterhold, J. C. "Schema theory and ESL reading pedagogy," *TESOL Quarterly 17(4)*, 1983, pp.553-573

Carver, P. R. "Toward a Theory of Reading Comprehension and Rauding," *Reading Research Quarterly, 13(1)* 1977, pp. 8-63

Carver, P. R. "Rauding Theory Predictions of Amount Comprehended under Different Purposes and Speed Reading Conditions," *Reading Research Quarterly, 19(2)*, 1984, pp.205-218

Carver, P. R. "Reading rate: Theory, research, and practical implications," *Journal of Reading, 36(2)*, 1992, pp.84-95

Farhady, H. "Constructing reading comprehension tests," In Farhady, H., *Twenty-five years of living with applied linguistics: collection of articles*, Tehran: Rahnama Press, 1998, pp.339-369

Hu, M. and Nation, P. "Unknown vocabulary density and reading comprehension," *Reading in a Foreign Language 13(1)*, 2000, pp.403-430

Nation, I. S. P. *Teaching ESL/EFL Reading and Writing*, Routledge, 2009

Stanovich, K. E. " Toward an interactive-compensatory model of individual differences in the development of reading fluency," *Reading Research Quarterly 16(1)*, 1980, pp.32-71

第12章 ライティングの学習と指導

はじめに

　近年、インターネットを通じて英語を読んだり書いたりする機会も増え、英語を書く能力の重要性はいっそう高まってきている。しかしながら、ライティング指導は、英語の4技能の指導の中でも立ち遅れているのが現状である。指導者側の要因として、①中学、高校でまとまった長さの英文を書く指導を受けた経験に乏しい教師が多く、ライティングの指導方法が分からない、②多人数の学習者が書いた英文を添削する時間がないため、ライティングを課すことをためらってしまう、③検定教科書で扱う内容が多いため、ライティング活動を行う時間の確保が難しく、特に、リスニング→スピーキング→リーディング→ライティングの順に授業を進めるときに時間が足りなくなり、ライティングの活動を割愛してしまうことがある、などが挙げられる。一方、学習者の要因としては、①日本語で作文を書く経験が不足し、書く内容も出来事の振り返りや読書感想文が主なので、英語で文章を書く場合に何をどのように書いたらよいのか分からない、②物

事を分析的に切り取り、自分なりの批判的考察を論理的に展開する手法も欠如している、といったことが挙げられる［三森2003・2006］。

　現行の検定教科書で扱われているライティング課題はどのようなものだろうか。中学校検定教科書6種類で扱われているのは、自己紹介文や手紙文、メッセージ作成などが主で、数センテンスから成る初歩的な英文を書くことが求められていると言える。一方、高等学校検定教科書に目を向けると、「コミュニケーション英語Ⅰ／Ⅱ／Ⅲ」では書くことに重点が置かれておらず、主として「英語表現Ⅰ／Ⅱ」で書くことを扱うことになる。「英語表現Ⅰ」の教科書は文法シラバスで構成されているものが多く、主として1文から1パラグラフ程度の英文を扱い、「英語表現Ⅱ」においてまとまった長さの英文を扱うこととなる。高等学校段階での指導で懸念されるのは、文法中心の指導にとどまり、まとまった長さの英文を書く指導がおろそかになることである。旧学習指導要領の「ライティング」でも、文法中心のセクションのみが扱われ、パラグラフ・ライティングはあまり行われず、そのため、「ライティング＝文法」だと考える学習者も多かった。現在もこの状況はあまり変わっていない。この状況を打破し、4技能を統合しながら英語を書く力を伸ばすための指導例を本章で紹介する。

第1節　センテンス単位のライティング指導

　まとまった内容を持つメッセージの最小単位はセンテンス (sentence) である。本節では、センテンス単位のライティング指導として、目標文を用いた文法指導からのライティングと和文英訳を取り上げる。

1. 目標文を用いた文法指導からのライティング

　「オーラル・イントロダクション」（第9章第3節 2. p.156参照）で目標文 (target sentence) を提示し、板書を用いた文法説明の後、目標文を音読さ

せる。さらに「リード・アンド・ルックアップ」(第11章第2節5. p.198参照)を取り入れ、音読から英文暗唱への橋渡しをする。その後、絵や写真、キーワードを見ながら英文をノートやワークシートに書く活動を行う。さらに、和文英訳やディクテーションを取り入れることも可能である。この活動のハードルを低くするのであれば、下記の例 (1) のように、目標文の中の重要な箇所のみを穴埋めさせるとよい。理解度が深まった後や復習で行う場合は、(2) のように全文を書かせてもよい。

　　目標文： I have been to Hokkaido twice.
　　　(1) I (　　　) (　　　) to Hokkaido twice.
　　　(2) (　　) (　　　) (　　　) (　　　) (　　　) (　　　).

ディクテーションを行う場合は、(1) あるいは (2) の形式のワークシートを用い、和文英訳をさせる場合は、「私は北海道に2回行ったことがある」という日本語を、口頭または上記の形式の下に文字で提示する。

2．和文英訳

日本の英語教育で一般的な、日本語を英語に訳す活動である。この活動の意義・長所としては、①表現する内容が決まっているため、指定された単語や文法構造を用いて英文を書く練習ができる、②母語から英語への翻訳作業は現実生活でも必須であり、実用的である、③全生徒が共通の意味を表す英文を書くので、人数の多い授業でも扱いやすい、などが挙げられる。一方、日本語を介すことや伝達内容が決められていることから、①日本語にとらわれすぎて、英語が不自然になるおそれがある、②直接自己表現のための練習にはならない、という課題がある。

和文英訳を指導する場合、次の点に留意して行う必要がある。
(1) 英語と日本語の語順の違いを意識させ、意味順に語を書かせる［田地野 2011］。その際、各語の品詞にも意識を向けさせるようにする。
(2) 日本語と異なり、英語では主語や動詞の省略ができないので、主語に何を置くか、述語動詞は何を使うかを考えさせる。

（3） 日本語をそのまま直訳しようとしても適切な英語表現がない場合があるので、日本語そのものを別の日本語に言い換えてから英訳するという手順の利用についても指導する（第9章第1節 2. pp.148-149参照）。
（4） 和英辞典を用いて英単語を調べた場合、書こうとする英文に適さない語の選択や品詞の誤りが想定されるので、英和辞典や英英辞典も参照させ、用例を確認させる。

第2節　制限英作文

「制限英作文」（controlled composition）とは、指定された形式・文構造・内容を用いて英文を書かせることである。本節では、制限英作文の例として、「聞き取りを通したライティング活動」「書き換え」「英文完成」「付加補充」の4つを取り上げる。

1. 聞き取りを通したライティング活動

聞き取りを通して行うライティング活動には、①「ディクテーション」(dictation)、②「ディクト・コンプ」(dicto-comp)、③「ディクトグロス」(dictogloss) が挙げられる。

「ディクテーション」は、聞いた語、句、節、文を書き取る方法である（第10章第1節 2. p.167参照）。「ディクト・コンプ」は、まとまった長さの英文を聞き、それを書いて再生する活動である。英文を聞くときは、メモを取ることは許されず、英文を聞いた後で自分の記憶を頼りに聞き取った英文を再生する。そのため、聞いた英文を完璧に再生するのではなく、類似の表現を使って再生することを許容または奨励する。「ディクトグロス」は、ディクト・コンプ同様、まとまった長さの英文を聞き、それを書くことによって再生する活動であるが、ディクト・コンプとの違いは、メモを取ることが可能であることと、ペアやグループで再生活動を行うことであ

る。したがって、聞き取った英文をそのままメモして再生することもできる。ディクト・コンプ、ディクトグロスともにリスニング力とライティング力の双方を伸ばすのに適していると考えられる。

2．書き換え

「書き換え」は、与えられたセンテンスを指示に従って書き換える活動であり、①「代入」(substitution)、②「転換」(conversion)、③「文結合」(sentence combining) などがある。

「代入」は、提示された目標文を基に単語や語句を入れ替える活動である。代入には、①文中の1か所だけ語句を入れ替える simple substitution（例：I like tennis. → I like soccer.）、②文中の1か所の語句の入れ替えにより、連動して他の箇所の語句の入れ替えが必要となる correlative substitution（例：I am a student. → They are students.）、③2か所以上を同時に他の語句で置き換える multiple substitution（例：The man bought a brown bag. → The woman made a red skirt.）がある。授業においては、新出の言語材料の導入後に行うとよい。口頭による「パターン・プラクティス」（第9章第2節 2. pp.152-154参照）と併用すれば、口頭でスラスラ言えるようになった英文を書けるようになるまで指導し、定着を促すことができる。

「転換」は、平叙文を疑問文や否定文にしたり、能動態を受動態にしたり、直接話法を間接話法にしたりするタスクである。

「文結合」は、接続詞や関係詞などを使って2つのセンテンスを1つにするタスクであり、語数の少ない単文をより複雑なものにする練習になる。文結合は、学習者が文法構造を理解するのにも役立ち [Zamel 1980]、多様な英文を書くことができるようになると言われている。文結合は近年、英語を不得意とする学習者や文法的に正しい英文を作成することに困難を感じる学習障害を持つ学習者にも有効とされ、研究が進んできている [Saddler, Behforooz & Asaro 2008]。

3. 英文完成

英文完成の活動には、①「並べ替え」(reordering)、②「完成」(completion)、③「英問英答」(question and answers) を利用した英作文、の3つがある。

「並べ替え」には、語句を並べ替えて正しい英文にするものと、センテンスを並べ替えて一つのパラグラフにするものがある。前者は、英語の語順を意識し、正確な英文を書くための練習となり、後者は、パラグラフ構成や文の結束性を意識させる練習となる。

「完成」は、不完全な文や文章を完成させるもので、①空所補充（文中の空欄に語句を補う）、②途中まで書かれたセンテンスを完成させる、③ダイアログの片方のセリフを書く、④途中まで書かれたパラグラフを完成させる、⑤途中まで書かれたパッセージを完成させる、などのバリエーションがある。空所補充のバリエーションには、入れるべき語句をリストにして提示するものや、動詞の原型を適切な形に変えて埋めさせるものもある。また、リスニングやリーディングの活動の延長として、授業中にオーラル・イントロダクションで導入した教科書本文の内容を空所補充させ、インプットされた情報をアウトプットさせることで、表現の定着を促したり、内容の理解度を確認したりすることが可能である。さらに、モデルを提示し、それに合うように空所補充の形式で学習者自身のことを書かせれば、一つのパラグラフを作成させることもできる（次ページ参照）。

「英問英答」を利用した英作文は、質問に対する答えを組み合わせて一つのパラグラフを完成させる活動である。実施に際しては、「文の結束性」（本章第4節1. pp.213-214参照）を意識させるとよい。質問に答える場合、主語を人称代名詞に言い換えるが、答えだけをつなぎ合わせると代名詞にした部分が誰のことか分からないので、第1文の主語には固有名詞を入れさせるとともに、代名詞ではなく別の語句に言い換えさせるなどの工夫も指導する。この活動は、まとまった長さの英文を書く指導としても有効である。

4. 付加拡充

「付加拡充」は、元の会話文やパラグラフに語、句、節、文を付加する活動である。教科書の会話文を再生する活動に「プラスワン・ダイアログ」（第10章第3節 2. p.177参照）があるが、それをライティング活動に取り入れることができる。パラグラフを再生して書く場合には、前後関係を見ながら、文の流れを崩さないように教科書本文などに1文を加える「プラスワン・パラグラフ」（plus-one paragraph）を行うことができる。

第*3*節　単独短文からまとまった長さの英文への橋渡し活動

センテンス単位の作文からパラグラフへといきなり移行すると、学習者にとってハードルが高いので、ここでは、両者を橋渡しする活動例を紹介する。

1. 3文で書くライティング

3つのセンテンスで言いたいことを表現する活動である。例として、夏休みの思い出を述べる場合、「どこへ行ったか」「何をしたか」「どう感じたか」の3つを3文でまとめて書く課題が挙げられる。以下に一例を示す。

> I went to Mt. Takao with my family this summer. I enjoyed seeing beautiful scenery on the top of the mountain. I want to go there again.

この練習では、「トピックの提示→より具体的な記述→結び」という流れが身につくので、まとまった長さの英文を書く場合にも応用できる。

2. モデル文を使った語句の入れ替え

英文を書く練習の第一歩として、語句の入れ替えがある。次のようなモ

デル文を提示し、下線部を学習者自身のことに入れ替えれば、まとまった長さの英文が完成する。

> My name is Yamada Taro. I am a first-year student at Minami High School. My favorite subject is science, but I am poor at English.
> I am a member of the basketball team. I play basketball three times a week. I enjoy playing it.
> I was born in Saitama, and grew up in Tokorozawa City. I live in Tokorozawa City with my family.
> My hobby is listening to music. Especially I like Japanese pop music. I am a fan of Arashi.

慣れてきたら、学習者に数個のセンテンスを付け加えさせる。この場合も、教科書や辞書等で例文を参照させて単語を入れ替える「英借文」を行うと、無理なく英文作成ができる。

3. 情景や絵の描写

英文を書くことに慣れる練習として、視覚情報として入ってきたものをそのまま描写する活動がある。描写する対象は、1枚の絵、4コマ漫画、動画などがある。絵や4コマ漫画を使ってこの活動に慣れさせてから、動画に移行するとよい。動画の素材としては *Mr. Bean* や *Pingu* などが挙げられる。これらは身近な話題を扱っているので、身の回りのものをどう英語で表現するのかを学ぶのに適している。英文を記述する場合も、漫画や映像を見ている第三者としてだけでなく、登場人物の一人として語ることもできるので、人称代名詞や時制を使う練習にもなる。5分程度の映像を見せ、内容をメモさせてから、ストーリー全体を英文で書かせるとよい。

4. 物事の過程を書く活動

物事の過程を書く活動も、「何を書くべきか」が決まっているので、英文作成として効果的である。機材の使い方や料理のレシピなどは、命令文を使うことが特徴となるが、順を追って過程を説明するので取り組みやすい。ここでは、折り紙を使った風船の折り方について例を挙げる。

> First, fold in half. Fold in half again. Spread out from the inside and fold by pressing down. Turn over. Swing the edges to the opposite side. Spread out from the inside and fold by pressing down. Bring bottom corners to the top point and fold. Do the same on the reverse side. Bring side corners to the center and fold. Do the same on the reverse side. Fold corners down. Fold along the dotted line to make a crease. Tuck corners into the pockets. Do the same on the reverse side. Blow into the opening. Completed balloon.　　　　　　　　　　　　　　　([山口 1996] pp.30-33 より)

5. 主張への理由づけの練習

英文を展開し、説得力のある文を書くには、理由づけをする練習を取り入れる必要がある。主張を「導入」(Introduction) で、理由づけを「本論」(Body) で、まとめを「結論」(Conclusion) で記述する。主張への理由づけについて、トゥールミン (Stephen Toulmin) は次のように図解している。

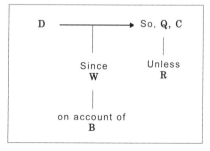

トゥールミン・モデル ([Toulmin 2003] p.97)

次の例は、トゥールミンによるものである。

> Harry was born in Bermuda. A man born in Bermuda will generally be a British subject. So, presumably, Harry is a British subject.　　[Toulmin 2003]

　C（Claim/Conclusion）に導くためには、D（Data）が必要であり、その理由づけとしてW（Warrant）が加えられる。上記の例では、第1文でハリーがバミューダで生まれたというデータを記述し、その後、バミューダで生まれた人は一般的にイギリス人だという理由づけをして、だからハリーはイギリス人だという結論を導いている。論の展開によっては、ここに理由の裏付けとしてB（Backing）、理由の確かさの程度を表すQ（Qualifiers）や反証を表すR（Rebuttal）が付加される。実際に英文を書く場合、いきなり文章を膨らませるのは難しいので、まずは自分の主張に対してのデータとなる事柄や理由づけをさせる練習から始めるとよい。

第4節　パラグラフ・ライティング

　パラグラフ・ライティングとは、複数のセンテンスからなる内容的なまとまりのあるパラグラフを書いたり、複数のパラグラフからなる文章を書いたりする活動のことである。

1. 文章構造を意識したライティング

　テキストの種類には、①自分の経験など、個人的なことを物語のように説明する「語り文」(narration)、②「人」「物」「場所」などを描写する「描写文」(description)、③事実の説明を行う「説明文」(exposition)、④対立する意見がある問題について、自分の立場と考えを述べる「論証文」(argumentation) などがある。中でも「説明文」は、「過程」「分類」「原因と結果」「比較と対照」「問題とその解決」など、書く目的や内容によって、パラグ

ラフの展開が異なる。また、「論証文」のパラグラフは一般的に、「主題文」(topic sentence)、「支持文」(supporting sentences)、「結論文」(conclusion)から成り立ち、主題文で主張したいことを述べ、支持文で主題文に関する説明や具体例を出し、最後に結論文で主題文を言い換えて提示する。

　パラグラフを作成するときに大切なこととして、「一貫性」(coherence)と「結束性」(cohesion)がある。「一貫性」は、一つのパラグラフの中で、トピックセンテンスに沿って一貫した意見が述べられているかどうかを表す概念である。一方、「結束性」は、接続詞や代名詞などによって言語的に明示された、語と語、文と文の意味的なつながりのことである。文の結束性については、以下のような分類例がある [Halliday & Hasan 1976]。

(1) 指示 (reference)
　　代名詞や冠詞を使用して文のつながりを示す。
　　　例：I had a cat. The cat pleased me.
(2) 代入 (substitution)
　　同一表現を避けるために動詞の代わりに do、名詞の代わりに one や some などを用いて表現する。
　　　例：The children seemed to enjoy the outing. The one who didn't was George.
(3) 省略 (ellipsis)
　　同一表現の重複を避けるために省略する。
　　　例："How did you enjoy the paintings?" – "A lot (of the paintings) were very good, though not all."
(4) 接続関係 (conjunction)
　　文と文の結束性を高めるために接続詞を用いる。
　　　例：She failed. However, she's tried her best.
(5) 語彙的結束性 (lexical cohesion)
　　同一表現を避け、別の語句で表現する。
　　　例：There's a boy climbing the old elm. That tree isn't very safe.

中でも「指示」は、人称代名詞を使って前に出てきた固有名詞などを言い換えるもので、会話文でも頻出する。したがって、短いパラグラフを作成する段階から指導していくとよい。

2. ジャーナル・ライティング

「ジャーナル・ライティング」(journal writing) は、思ったことや経験を自由に書く活動である。自己の振り返りや成長を促し、述べようとする考えや、使用する表現を分析することができる [Casanave 2011] ので、正確さと流暢さの双方を伸ばすことが期待できる。また、学習者と教師の間でジャーナルをやり取りすることは、相互の信頼関係（ラポール）づくりの一助にもなる。

ジャーナルには、①2人（例えば、学習者と教師）がコミュニケーションを図るためにジャーナルを書く（dialog）、②手紙形式でジャーナルを書く（journal-letters）、③クラスメートどうしでジャーナルを交換して書いていく（peer journals）、④ジャーナルを交換する範囲をクラス内にとどめず、同じ学校内や他の学校などに広げる（pen pal or E-pal journals）、⑤相手が誰だか分からないように教師が設定してジャーナルの交換を行う（secret friend journals）、⑥学習者の生活における経験などを書かせる（personal experience journals）、などの種類がある。

ジャーナル・ライティングは、英語を流暢に書かせる練習として有効である。その一方で、英語を不得意とする学習者の場合は、書かせるトピックを与えたり、目標とする語数や文数を設定したりする必要がある。また、文法の誤り等に対するフィードバックを求める学習者もいるので、学習者の特性や習熟度を考慮してフィードバックを与えるとよい。

3. 現実の言語コミュニケーションを意識したライティング

手紙やグリーティングカード、Eメールなどのように、書いたものを読

んでくれる相手がいる場合、読み手のことを意識しながら書く活動を行うことができる。ここでは、メールの文面を例に挙げる。

From: To: Cc: Subject: 📎	Kevin Smith <kevin-s@goldnet.com.au> Sato Misaki <satomisaki@bigwing.ne.jp> Scuba Diving J1309.jpg（113KB）
Dear Misaki, How have you been? Hope you had a nice vacation. I enjoyed scuba diving last week in Cairns, a city in northeastern Australia. It's not far from my town and is famous for the beautiful sea and the Great Barrier Reef. I've saved the photos that I took in my computer and am sending one of them as an attached file. Looking forward to hearing from you. Yours, Kevin	

出典：［野村ほか 2013］p.140

　Eメールの場合、件名（subject）を簡潔に書く。書き出しは形式ばらない挨拶から始めてもいいし、用件をいきなり書いてもよい。また、主語の"I"を省略することもある。本文は短めにして、パラグラフが複数ある場合には、パラグラフ間を1行空ける。行の初めは文字下げ（インデント）をしない。添付ファイルをつける場合は、そのことも記載しておくとよい。このほか、招待状、お礼状、詫び状、依頼状やお祝いなど、現実の言語コミュニケーションにおいて起こりうるさまざまな状況設定をして文章を書かせるとよい。

第12章　ライティングの学習と指導

第5節　フィードバック

　学習者が書いたライティングに対する「フィードバック」（feedback 以下FBと記す）には、FBを与える人物によって、①教師によるFB（teacher feedback）、②学習者どうしによるFB（peer feedback）、③学習者自身による自己修正（self-correction）に分けることができる。教師によるFBは、最も頻繁に行われるのものである。自己修正は、学習者自身が課題を見直し、より良いものにするための校正作業として行われる。しかし、文法上の誤りや文章構成上の問題点、読み手にとって読みやすい文章かどうかなど、学習者自身には判断しにくいことがある。学習者どうしによるFBは、FBをする人によって、内容も質も異なるものになる。また、学習者どうしの場合、文法の誤りの修正をするのをためらってしまうこともあるので、どのようなFBを与えるのかをあらかじめ指示しておく必要がある。

　与えるべきFBの種類としては、明示的FB（explicit feedback）と暗示的FB（implicit feedback）がある。明示的FBには、生徒の書いた "I was go Okinawa summer." という文に対して "I went to Okinawa last summer" と書き直すように、文法などの誤りの全てを修正する「修正フィードバック」（Corrective Feedback　以下CFBと記す）と、「時制が間違っているので、過去形に直してください」というように、どのように修正すべきかをコメントする方法が挙げられる。暗示的FBには、"Ken buy a blue t-shirt yesterday." のように、誤りの部分に下線や記号を施す方法や、「ケンがTシャツを買ったのは昨日ですね？」というように、正しい表現を引き出すためのヒントを与える方法がある。

　CFBについては賛否両論がある。トラスコット（John Truscott）は、文法の誤りの訂正は効果がないと指摘しているが［Truscott 1996, 1999］、一方、フェリス（D. R. Ferris）はCFBが効果的であることを示唆し［Ferris 1999］、特に、長期にわたるCFBは文法の正確さが向上させることを示唆している［Ferris 2002］。また、書かれた内容に関するFBは、CFB以上に学習者に

効果があるという研究結果もある［Duppenthaler 2004; Oi, et.al. 2000］。暗示的なFBは、英語力のある学習者には効果があるが、英語が不得意で文法力や語彙力が不足している学習者の場合、「どこが間違っているのか」「どう直せばよいのか」が分からないので、CFBを求める傾向にある。

　CFBを行う場合、全ての誤りを赤で訂正すると、やる気を失う学習者もいる。また、全ての誤りを訂正されても、それをその後のライティングに生かせるとは限らない。したがって、修正すべきポイントを絞ることも必要である。文法と内容のどちらについてFBを与えるかは、正確さを重視するのであれば文法、流暢さを重視し分量を増やすならば内容というように、指導の目的によって変える必要がある。

　FBを与える教員の負担も考慮しなくてはならない。頻繁にライティング課題を課してFBを与えるのであれば、新出文法項目のみ、文章構成のみ、内容のみなど、FB内容を学習者の到達目標と合致させることで負担の軽減を図ることができる。

おわりに

　英語を書くことによるコミュニケーションは、EメールやSNSの普及によって、今後さらに必要性が増してくると思われる。書き言葉と話し言葉の違いなどについても、ライティング活動を通じて伝えていくべきであろう。また、ライティング指導を行う際に見落としがちなのが、パンクチュエーションである。カンマとピリオド、引用符、コロンやセミコロンの使い方、インデンテーションの用い方なども、日本語との違いにも留意しながら指導する必要があるだろう。

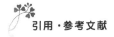
引用・参考文献

大井恭子編著『パラグラフ・ライティング指導入門』大修館書店、2008年

三森ゆりか『外国語を身につけるための日本語レッスン』白水社、2003年

三森ゆりか『外国語で発想するための日本語レッスン』白水社、2006年

田地野彰『どこからやり直せばいいかわからない人のための「意味順」英語学習法』ディスカヴァー・トゥエンティワン、2011年

野村恵造ほか『Vision Quest English Expression II』啓林館、2013年

馬場千秋「ライティング指導で求められているもの」木村博是・木村友保・氏木道人編『英語教育学体系　第10巻　リーディングとライティングの理論と実践－英語を主体的に「読む」・「書く」』大修館書店、2010年

山口真『英語で折り紙』講談社インターナショナル、1996年

Casanave, C. P. *Journal Writing in Second Language Education*, The University of Michigan, 2011

Duppenthaler, P. "The Effect of Three Types of Feedback on the Journal Writing of EFL Japanese Students," *JACET Bulletin 38*, 2004, pp.1-17

Ferris, D. R. "The Case for Grammar Correction in L2 Writing Classes: A Response to Truscott(1996)," *Journal of Second Language Writing, 8*, 1999, pp.1-11

Ferris, D. R. *Treatment of Error in Second Language Student Writing*, The University of Michigan Press, 2002

Halliday, M.A.K. & Hasan, R., *Cohesion in English,* Longman, 1976

Hyland, K. and Hyland, F. *Feedback in Second Language Writing*, Cambridge University Press, 2006

Oi, K., Kamimura, T., Kumamoto, T. & Matsumoto, K. "A Search for the Feedback that Works for Japanese EFL Students: Content-Based or Grammer-Based," *JACET Blletin 32*, 2000, pp.91-108

Saddler, B., Behforooz, B. and Asaro, K. "The Effects of Sentence-Combining Instruction on the Writing of Fourth-Grade Students With Writing Difficulties," *The Journal of Special Education, Vol. 42, No.2,* 2008, pp.79-90

Toulmin, S. *The Uses of Argument*, Updated Edition, Cambridge University Press, 2003

Truscott, J. "The Case against Grammar Correction in L2 Writing Classes," *Language Learning, 46,* 1996, pp.327-369

Truscott, J. "The Case for 'The Case against Grammar Correction in L2 Writing Classes': A Response to Ferris," *Journal of Second Language Writing, 8,* 1999, pp.111-122

Zamel, V. "Re-evaluating Sentence-Combining Practice," *TESOL Quarterly, Vol. 16, No. 1,* 1980, pp.81-90

終章

多文化共生と英語教育

第1節　英語教育の中の異文化理解教育

　さまざまな言語的・文化的背景を持つ人々が使用する国際共通語としての英語の運用能力を身につける際に、異文化コミュニケーション能力の育成は不可欠である。本節では、英語教育の中で異文化理解教育を扱う際の留意点と課題について述べる。

(1) 文化の諸相

　英語教育の中で扱う「異文化」には、①言語に関するもの、②衣食住や生活習慣に関するもの、③芸術・芸能・娯楽等に関するもの、④思想・価値観に関するものなどがある。

　これらの中で、言語教育に直接関わるのが①である。例として、単語レベルでは、日本語で兄弟姉妹について言及するときには、年上か年下かによって「兄」と「弟」、そして「姉」と「妹」をそれぞれ区別して表現するの

が一般的であるのに対して、英語では上下関係を区別しない brother / sister という言い方が一般的であるという違いなどが挙げられる。また、センテンスレベルでは、親切な行為を受けたときに、英語で"Thank you"などの「感謝」を表す表現を用いる場面で、日本語では「すみません」などの「謝罪」を表す表現を用いることが多いという違いがある。これらの差異の背景に、文化的差異を挙げることができるだろう。②の典型例としては、郷土料理、服装、住居、そして生活様式や生活習慣の違いなどが挙げられる。身近な例としては、日本では家の中で靴を脱ぐのが一般的であるのに対して欧米では靴を脱がないという違いや、釣銭を渡すときに、日本では、釣銭をまとめて、あるいは金額の大きな札から渡すのが一般的であるのに対して、欧米では、例えば20ドル札で7ドル80セントの商品を買った場合、代金に釣銭の端数の金額を積み上げていって（20セント→2ドル→10ドル）客が差し出した金額になるように足し算する方式が伝統的であるというような違いが挙げられる。③は、英語圏やさまざまな言語圏・文化圏の文学作品、映画、音楽、テレビ番組、祭りなどが該当する。

　これらに対して、④は目に見えないものであり、扱いがとりわけ難しい。根拠薄弱な過剰一般化は慎まなければならない。安易な過剰一般化はステレオタイプを助長し、正しい事実認識を阻害し、差別を生み出すおそれもある。個人差を越えた一般的な傾向が認められるのか、例外はどの程度存在するのかを十分に精査するとともに、たとえ一般的傾向が認められる場合でもあっても、皆がそうであるかのような断定的な説明は避けなければならない。

（2）英語教育と異文化理解教育の関わり

　異文化理解においては、国・言語圏・文化圏の枠を超えて、相手を知ること、自分を知ること、相手と自分の共通点と相違点を知ること、相手と自分とのより良い関係の構築を目指すこと、そして、それぞれについて守るべき点と変えるべき点について冷静に判断すること、などが必要になる。これらを英語教育の枠組みの中だけで行うことはできない。英語の授業の

中で異文化理解教育に割くことのできる時間は限られているうえ、特に入門期の段階では使える言語表現が乏しいため、「文化」を扱おうとすると説明不足になりがちで、誤解を招いたり前述のステレオタイプを助長したりするおそれもある。小学校は「学級担任制」を採っており、一人の教師が全教科を教えるのが基本であるため、教科を横断した取り組みは比較的容易であるが、本格的な異文化理解教育が期待される中・高等学校は「教科担任制」を採っているため、教科間の連携のハードルは非常に高い。異文化理解教育を独立した科目として位置づけるという選択肢も検討に値するだろう。

また、異文化（他文化）を理解し自文化を発信していくためには、確かな英語運用能力と柔軟な異文化間コミュニケーション能力が必要である。英語科と他教科が力を合わせて、次代を担う人々の英語運用能力と異文化間コミュニケーション能力の育成を図っていく態勢を構築する必要があるだろう。

第2節　多文化共生を目指して

本節では、我々が現代社会において直面している異文化コミュニケーション上の克服すべき課題と、多文化共生のために英語教育が果たすべき役割について述べ、本書の締めくくりとしたい。

（1）歴史認識の違いの克服

人間は歴史と文化を背負って生きている。そして、歴史認識や文化的価値判断には、個人間はもちろんのこと、国家間・民族間・文化間で大きな隔たりを見せることがある。それが解決困難な根深い対立となりうることを、昨今の日本の近隣諸国とのきしみが示している。日米関係においても、特に原子爆弾投下や核抑止に対する認識には大きな隔たりがある。広島・長崎への原爆投下は、高温の爆風による一次破壊と放射線による二次汚染

によって甚大な被害をもたらした。しかし、原爆は平和な町の上空で突如炸裂したのではない。アジアで侵略と拡大を進め、真珠湾攻撃で米国に戦争を仕掛け、無謀な戦いに突き進んでいったのは日本である。そして、東京大空襲、沖縄戦を経て、広島・長崎への原爆投下という、あまりにも大きな代償を払うことになった。原爆投下は甚大な被害をもたらしたが、それによって戦争終結が早まり、むしろ犠牲者の数を抑制できたとの主張は米国に根強い。その後、戦争は終結し、戦後の米国の占領政策によって日本は民主化され、我々は主権在民と言論の自由を得ることができた。そして、戦後日本は、米国の「核の傘」の下で平和と経済的繁栄を享受してきた。原爆投下、そしてそれに続く核抑止の持つ意味の多層性は否定の余地がないだろう。

(2) 利害対立の克服

歴史認識に大きな隔たりがあっても、それが実利に直結しない限り、実質的な棚上げによって問題を回避することができることもあるだろう。しかしながら、実利・実害の可能性が生じることで問題が顕在化するケースがある。国益と国益がぶつかり合うとき、平和的・友好的に解決する態勢を構築することの難しさは、人類の戦争の歴史が如実に物語っている。

(3) 異なる価値観の共存

異文化に対する寛容の精神を唱えることは容易である。しかし、その実践にはときに大きな困難が伴う。基本的人権や民主主義などを現代における普遍的価値と考え、その普及に努めるとともに、それに反するものを否定し変えようとするのか、反するものであっても尊重するのか、その線引きは容易ではない。この点では、異文化理解において、比較的「無難」で扱いやすいとされる話題である "3Fs"（food, fashion, festival）においても、深刻な対立が起こりうる。例えば「衣服」については、フランスで2011年に制定された通称「ブルカ禁止法」がある。この法律は、公共空間における政教分離や女性の自由と尊厳の確保という大義名分のもとに正当化され

うるものであろうか。

　異質な文化を許容しない考え方には、「郷に入っては郷に従え」という考え方と、「普遍的価値に従うべきだ」という考え方がある。いずれの場合にも、それらの価値観に相いれない価値観を持つ人々に対しては、同化・同調への強い圧力がかかり、それに従わない人は、「排除」または「矯正」の対象となりうる。

　相いれない価値観を持つ人がいる、そして、その人とはどうしても仲よくなることはできない。そんなとき、我々はどのように対応すべきであろうか。薬師院仁志は、「和解なき理解を受け入れねばならない。友情なき共存を受け入れねばならない」と述べている［薬師院 2005］。これは、平和的に持続可能な世界を築いていくための一つの理念を示していると言えるだろう。

（4）犯罪やテロリズムへの対処

　広島・長崎への原爆投下以後、「核抑止」は核戦争の抑止力としては機能してきたが、一方で、通常兵器による戦争・紛争は絶えることがない。湾岸戦争や、アフガニスタンへの「対テロ戦争」のように、国際協調の下に行われた戦争もあった。凶悪な犯罪やテロリズムに対しては断固たる姿勢で対処する必要があるが、対症療法だけでなく根本原因を摘み取る努力が欠かせない。対症療法では、症状はいつ再発してもおかしくないからである。仮に、蛮行を繰り返すテロリストの現有勢力を完全に駆逐できたとしても、明日にでも新たなテロリストが生まれてしまう可能性がある。

（5）複言語教育への道

　現在、日本の小学校の5・6年生で行われている「外国語活動」は実質的に「英語活動」であり、中・高等学校における教科「外国語」は実質的に「英語」である。英語が国際共通語としての「事実上の標準」となっている現在、第一外国語として英語が選択されること自体は妥当であると言えよう。しかしながら、早い段階から第二外国語を課すことも検討に値する。

EUでは、複言語・複文化能力を身につけさせるこが目標とされ、母語に加えて2つのEU言語を学ぶことが奨励されている。日本においても、英語以外に近隣諸国の言語を1つ学ばせることで、日本と近隣諸国との草の根レベルの交流が増大し、そのことが関係の改善と安定的な共存共栄に寄与するのではないだろうか。教員の確保など解決すべき課題はたくさんあるが、ICT機器の利用や e-learning の活用などで実現可能なことも多いと思われる。

(6) 英語教育の貢献

　多文化共生のために教育の果たすべき役割は極めて大きい。その全てを英語教育の中で行うことはできないが、世界の人々と草の根で交流するために必要な基礎的な知識とスキルを身につけさせること、そして、それによって国際協調と平和構築への貢献に寄与することが肝要であろう。明日の世界が今日の世界よりも少しでも良いものになるために。

引用・参考文献

　薬師院仁志「"グローバル化"の中で進む日本の"視野狭窄症"」『日本人の力』
　　東京財団、2005年

■■ 編著者紹介 ■■

馬場哲生（ばば・てつお）――――――――――――●序章、第2章、第9章、終章

東京学芸大学教授。専門は英語教育。東京外国語大学英米語学科卒業。東京学芸大学大学院修士課程英語教育専攻修了。1998年より東京学芸大学で教育・研究活動を行っている。
主な著書は、『英語授業ハンドブック＜中学校編＞DVD付』（共編著、大修館書店、2009年）、『総合英語 One』（監修・分担執筆、アルク、2014年）、『英語スピーキング論』（編著、河源社、1997年）、『英語授業デザイン：学習空間づくりの教授法と実践』（分担執筆、大修館書店、2010年）、『英語教育評価論』（分担執筆、河源社、2003年）、『学習文法論』（分担執筆、河源社、1992年）など。1987年より文部科学省検定教科書『TOTAL ENGLISH』（学校図書）の編集委員を務めている。

■■ 執筆者紹介 ■■

臼倉美里（うすくら・みさと）――――――――――●第1章、第11章
　　東京学芸大学講師

粕谷恭子（かすや・きょうこ）――――――――――●第3章、第6章
　　東京学芸大学教授

肥沼則明（こいぬま・のりあき）――――――――――●第4章
　　筑波大学附属中学校主幹教諭

高山芳樹（たかやま・よしき）――――――――――●第8章、第10章
　　東京学芸大学教授

馬場千秋（ばば・ちあき）――――――――――――●第5章、第12章
　　帝京科学大学准教授

本多敏幸（ほんだ・としゆき）―――――――――――●第7章
　　千代田区立九段中等教育学校指導教諭

（五十音順／敬称略／●印は執筆担当章）※現職所属は発刊時

■ 監修者紹介 ■

橋本美保（はしもと・みほ）

1963年生まれ。1990年広島大学大学院教育学研究科博士課程後期中途退学。現在、東京学芸大学教育学部教授、博士（教育学）。専門は教育史、カリキュラム。主な著書に、『明治初期におけるアメリカ教育情報受容の研究』（風間書房、1998年）、『教育から見る日本の社会と歴史』（共著、八千代出版、2008年）、『プロジェクト活動――知と生を結ぶ学び』（共著、東京大学出版会、2012年）、『新しい時代の教育方法』（共著、有斐閣、2012年）、『教育の理念・歴史』（新・教職課程シリーズ、共編著、一藝社、2013年）、ほか多数。一藝社「新・教職課程シリーズ」（全10巻、既刊）を監修。

田中智志（たなか・さとし）

1958年生まれ。1990年早稲田大学大学院文学研究科博士後期課程満期退学。現在、東京大学大学院教育学研究科教授、博士（教育学）。専門は教育思想史、教育臨床学。主な著書に、『キーワード現代の教育学』（共編著、東京大学出版会、2009年）、『社会性概念の構築――アメリカ進歩主義教育の概念史』（単著、東信堂、2009年）、『学びを支える活動へ――存在論の深みから』（編著、東信堂、2010年）、『プロジェクト活動――知と生を結ぶ学び』（共著、東京大学出版会、2012年）、『教育臨床学――「生きる」を学ぶ』（単著、高陵社書店、2012年）、『教育の理念・歴史』（新・教職課程シリーズ、共編著、一藝社、2013年）、ほか多数。一藝社「新・教職課程シリーズ」（全10巻、既刊）を監修。

教科教育学シリーズ⑨

英語科教育

2016年9月15日　初版第1刷発行

監修者　橋本 美保／田中 智志
編著者　馬場 哲生
発行者　菊池 公男
発行所　一藝社

〒160-0014　東京都新宿区内藤町1-6
Tel. 03-5312-8890　Fax.03-5312-8895
http://www.ichigeisha.co.jp　info@ichigeisha.co.jp
振替　東京00180-5-350802
印刷・製本　シナノ書籍印刷株式会社
ISBN 978-4-86359-087-8 C3037
©2016 Hashimoto Miho, Tanaka Satoshi, Printed in Japan.

定価はカバーに表示されています。落丁・乱丁本はお取り替えいたします。

本書の内容の一部または全部を無断で複写（コピー）することは、
法律で認められた場合を除き著作者及び出版社の権利の侵害になります。

一藝社の本

教科教育学シリーズ ［全10巻］

橋本美保・田中智志◆監修

《最新の成果・知見が盛り込まれた、待望の「教科教育」シリーズ！》

※各巻平均210頁

01　国語科教育
千田洋幸・中村和弘◆編著
A5判　並製　定価（本体2,200円＋税）　ISBN 978-4-86359-079-3

02　社会科教育
大澤克美◆編著
A5判　並製　定価（本体2,200円＋税）　ISBN 978-4-86359-080-9

03　算数・数学科教育
藤井斉亮◆編著
A5判　並製　定価（本体2,200円＋税）　ISBN 978-4-86359-081-6

04　理科教育
三石初雄◆編著
A5判　並製　定価（本体2,200円＋税）　ISBN 978-4-86359-082-3

05　音楽科教育
加藤富美子◆編著
A5判　並製　定価（本体2,200円＋税）　ISBN 978-4-86359-083-0

06　体育科教育
松田恵示・鈴木秀人◆編著
A5判　並製　定価（本体2,200円＋税）　ISBN 978-4-86359-084-7

07　家庭科教育
大竹美登利◆編著
A5判　並製　定価（本体2,200円＋税）　ISBN 978-4-86359-085-4

08　図工・美術科教育
増田金吾◆編著
A5判　並製　定価（本体2,200円＋税）　ISBN 978-4-86359-086-1

09　英語科教育
馬場哲生◆編著
A5判　並製　定価（本体2,200円＋税）　ISBN 978-4-86359-087-8

10　技術科教育
坂口謙一◆編著
A5判　並製　定価（本体2,200円＋税）　ISBN 978-4-86359-088-5